2ª edição – Outubro de 2021

Coordenação editorial
Ronaldo A. Sperdutti

Revisão
Alessandra Miranda de Sá

Projeto gráfico e arte da capa
Juliana Mollinari

Imagem da capa
Shutterstock

Diagramação
Juliana Mollinari

Assistente editorial
Ana Maria Rael Gambarini

Impressão
Gráfica Loyola

Proibida a reprodução total ou parcial desta obra sem prévia autorização da editora.

© 2021 by Boa Nova Editora.

Av. Porto Ferreira, 1031 | Parque Iracema
CEP 15809-020 | Catanduva-SP
17 3531.4444

www.**lumeneditorial**.com.br
www.**boanova**.net

atendimento@lumeneditorial.com.br
boanova@boanova.net

Dados Internacionais de Catalogação na Publicação (CIP)
(Câmara Brasileira do Livro, SP, Brasil)

```
Lúcia, Ana (Espírito)
   Vale dos sonhos /[pelo Espírito] Ana Lúcia ;
[psicografado por] Leonardo Mamede. -- 1. ed. --
Catanduva, SP : Lúmen Editorial, 2021.

   ISBN 978-85-7813-227-9

   1. Obras psicografadas 2. Romance espírita
I. Mamede, Leonardo. II. Título.
```

21-70948   CDD-133.9

Índices para catálogo sistemático:

1. Romance espírita : Espiritismo   133.9

Maria Alice Ferreira - Bibliotecária - CRB-8/7964

Impresso no Brasil – Printed in Brazil

02-10-21-2.000-5.000

LEONARDO MAMEDE
PELO ESPÍRITO ANA LÚCIA

VALE DOS SONHOS
AQUI A VIDA CONTINUA

LÚMEN
EDITORIAL

Quando me vir de olhos fechados e pensar que eu não irei retornar; quando não ouvir o som da minha voz dizendo o que sinto quando está ao meu lado; ou quando não conseguir ver o meu sorriso e descobrir como fico feliz quando você está comigo... acredite, eu ainda estou aqui.

Leonardo Mamede
Pelo Espírito Ana Lúcia

SUMÁRIO

APRENDENDO A SONHAR

Com base em fatos reais, porém romanceados, Ana Lúcia, valiosa tarefeira que dedicou-se profundamente ao auxílio do próximo nas cercanias entre os dois planos da espiritualidade, traz-nos esta singular obra com o intuito de fazer-nos refletir acerca do quanto, mesmo encontrando-nos cativos em nossas vestes corporais, ainda somos senhores de nós mesmos.

Morada do espírito imortal, o corpo é o instrumento que Deus nos entregou para que possamos progredir gradativamente, de maneira a superarmos nossas íntimas imperfeições e consequentes limitações.

Há ainda um grande caminho a se percorrer, mas, pouco a pouco, vemos inúmeros avanços na medicina e no modo como enxergamos nossas capacidades e a real sutileza do mundo invisível à nossa volta.

Este é um vasto mundo, que vem se descortinando à medida que nos desvencilhamos das barreiras físicas e passamos a olhar a vida como algo muito maior, expandindo assim nossa mente, o que nos dá a possibilidade de adentrarmos um campo que tanto conhecemos, mas que pouco compreendemos: os sonhos.

Espírito Balthazar
22/4/2018

PREFÁCIO

Quando nossos olhos se fecham e embarcamos no sono, um verdadeiro mundo descortina-se bem diante de nós. Nesse mundo dos sonhos, qualquer um pode dar asas à imaginação e viver um verdadeiro conto de fadas. Quem nunca sonhou estar voando, fazer coisas impossíveis, ou apenas estar junto das pessoas amadas? Pois, para uma jovem, isso já fazia parte de sua vida desde que era bem pequena. Acostumada a mergulhar no surpreendente mundo dos sonhos, ela passava a maior parte do tempo entregue a suas aventuras.

Tamara Vieira era uma menina que sempre havia gostado de se imaginar em meio a histórias e contos fantásticos. Poder projetar em seus sonhos tudo o que lia nos livros, transformando-se ora em princesa, ora em brava guerreira, ou até mesmo em uma simples borboleta, já fazia parte de seu mundo. Sem se preocupar com o que realmente era possível e sem jamais impor limites a sua imaginação, para ela bastava simplesmente imaginar algo que gostaria que acontecesse e pronto! Quando mergulhava em seus sonhos, transportava-se para um maravilhoso mundo de fantasias, que ela chamava de "Vale dos Sonhos".

Filha mais nova do casal Maurício Vieira e Cecília Vieira, a jovem Tamara era uma simpática ruivinha cheia de sonhos, enquanto seu irmão mais velho, Fabrício, acreditava que a vida nada mais era do que tudo aquilo o que podemos ver e tocar. Ele nunca acreditou em histórias de faz de conta e sempre se irritava quando a irmã falava, emocionada, dos sonhos que tivera. Quantas não foram as vezes em que se pegou chamando a atenção da irmã para que parasse de ficar sonhando com um mundo imaginário?

Mas Tamara nunca ligou, pois acreditava que uma vida feliz não era aquela em que tudo deveria seguir um único caminho, mas sim aquela que era feita de sonhos. Confiava que, ao libertar nossa imaginação, tudo poderia acontecer.

Residente na cidade de São Paulo, Tamara possuía dois grandes amigos: Felipe Almeida e Amanda Sales – dois valiosos amigos que a ajudavam a manter os pés no chão. Contudo, eles logo descobriram que muitas vezes os sonhos podem acabar se tornando realidade, e que o real sentido da vida está muito além daquilo que enxergamos, pois há algo dentro de cada um de nós que nos dá força e impulsiona a sempre seguirmos adiante: o puro e verdadeiro amor.

Espírito Ana Lúcia
São Paulo, 24/8/13

PRÓLOGO

Já havia anoitecido e chovia muito naquele momento. Como tinha pouca experiência ao volante, não gostava de dirigir nem com chuva, nem à noite. Porém, naquele dia foi diferente, pois tudo o que mais queria era sair o mais rápido possível daquele evento em que estava. E, apesar de estar com o coração partido e sentindo-se humilhado, estava triste porque tudo o que menos desejava era sentir ter estragado o momento tão especial daquela pessoa que amava demais e havia feito questão de ir com ele. Ainda que houvesse tentado convencê-la a ficar, ela fizera questão de acompanhá-lo. Contudo, sua acompanhante não era a única pessoa que decidira ir com eles.

— Rápido, andem depressa, tem gente presa nas ferragens — gritou aos bombeiros, apontando o carro acidentado, o homem que vinha logo atrás e presenciara todo o acidente.

— Preciso que apaguem logo aquele princípio de incêndio. Não podemos deixar que chegue até aqui — ordenou o comandante dos bombeiros.

— Tragam-me o alicate hidráulico, vamos ter de cortar esta porta — solicitou um dos bombeiros.

Tentavam agir o mais rápido que podiam, a fim de resgatar os possíveis sobreviventes. Porém, aqueles que viam o estado em que ficara o carro, prensado entre o ônibus e o caminhão, imaginavam que dificilmente alguém ainda pudesse sair vivo daquele trágico e infeliz acidente.

Era um sábado bastante chuvoso no início da primavera de 2003, e o trecho da Rodovia BR-116 em que os ocupantes do Fiat Palio se encontravam naquela noite, retornando da cidade de São José dos Campos em direção a São Paulo, estava sob densa neblina.

Alguns poucos minutos após o fatídico acidente, as primeiras equipes de paramédicos chegaram ao local. A tensão era muito grande devido ao estado em que se encontrava o veículo. Todo cuidado era necessário para tentar resgatar os passageiros com vida e não feri-los ainda mais.

Enquanto isso, o motorista do ônibus, seus passageiros e o motorista do caminhão eram também atendidos pelos paramédicos. Ninguém havia se ferido com gravidade. Estavam apenas muito assustados, principalmente o rapaz que conduzia o caminhão, que tivera o joelho e a perna esquerda machucados na batida.

– Foi tudo tão rápido... Eu freei, tentando reduzir a velocidade por causa da chuva e da baixa visibilidade, e, quando percebi, vi os veículos parados logo a minha frente – tentou se explicar o motorista do caminhão, que vinha atrás.

Ainda atordoado pela pancada, o rapaz, que se apresentou com o nome de Rogério Linhares, possuía trinta e poucos anos de idade, tinha a pele parda e os cabelos negros. Ele explicou que realizava aquele trajeto pelo menos duas vezes na semana para uma transportadora de produtos eletrônicos situada na região de São José dos Campos.

Já o motorista do ônibus, Antenor Pasqual, era um senhor de meia-idade, pele clara, baixa estatura e já contava com muitos cabelos brancos. Trabalhando como motorista de um ônibus fretado havia mais de vinte anos, estava bastante acostumado a realizar aquele trajeto todos os dias.

No veículo estavam com ele nove ocupantes que trabalhavam em uma fábrica de peças nas cidades de Jacareí e São José dos Campos, dirigindo-se naquele momento para suas casas em São Paulo. No momento do acidente, quase todos dormiam e, como se encontravam do meio para a frente do veículo, só acordaram bastante assustados quando sentiram um forte impacto na parte traseira do ônibus.

– Eu sinceramente não sei explicar com exatidão o que houve – respondeu o motorista do ônibus, enquanto recebia os primeiros cuidados dos paramédicos.

Logo vieram as constatações das equipes de socorro em relação às primeiras vítimas do veículo. Após muita dificuldade para conseguirem acessá-lo e permitir que os paramédicos chegassem aos ocupantes, a opinião dos profissionais não era nada animadora, pois os sinais vitais indicavam que talvez um dos ocupantes infelizmente não houvesse sobrevivido.

A paramédica Larissa Cardoso estava em seu primeiro mês como auxiliar nas equipes de resgate e aquela era a primeira vez que se deparava com um falecimento em atendimento, por isso não conteve as lágrimas diante daquela triste cena. Logo lembrou-se da própria família e pensou no quanto sofreria caso tivesse de atender a um dos seus. Mesmo sendo aquela uma situação corriqueira em sua profissão, ver a morte tão de perto, ainda mais de alguém tão jovem, não era algo simples de se encarar. Somente por meio da fé e de sua convicção na vida após a morte é que conseguiria se manter firme e não desabar em choro enquanto esperava os bombeiros acessarem o outro lado do veículo, para poder então ver o real estado das outras vítimas.

Com a rodovia fechada, logo começou a se formar uma longa fila de veículos, e em um destes se encontrava uma pessoa que era muito próxima a uma das vítimas. Parada em um dos carros na rodovia devido ao acidente, não muito distante dali, ela havia decidido ir embora do evento assim que soubera que seu grande amigo tinha saído sem lhe dizer nada. De imediato, passara a sentir algo muito estranho, uma profunda tristeza, como se alguma coisa muito ruim fosse acontecer. Trazia em seu coração uma forte amargura e um grande aperto no peito que a incomodavam profundamente. Era uma sensação de angústia avassaladora que a fez começar a chorar copiosamente. E assim, sentindo que algo ruim estava acontecendo, abriu a porta do carro e saiu em disparada.

Mais alguns instantes se passaram até que os paramédicos conseguissem enfim acessar o outro lado do veículo, também completamente destruído na batida e onde o corpo de uma das vítimas fora encontrado preso às ferragens sob a traseira do ônibus. Foram momentos de grande tensão enquanto a equipe médica rapidamente tentava verificar os sinais vitais e conseguir resgatar algum dos ocupantes ainda com vida.

1

Quando Tamara Vieira mudou-se com sua família do interior do estado de São Paulo para um bairro da zona sul da capital, no final do outono do ano de 1997 e a poucos meses de completar nove anos de idade, praticamente sua única amizade era a de seu irmão Fabrício, que, mesmo naquele momento tendo quase o dobro da idade da irmã, quinze anos, era muito apegado a ela. Naquela época, ambos não se desgrudavam nem por um único instante.

Tamara via em Fabrício um irmão dedicado e obediente aos pais, além de um grande protetor. Fabrício enxergava a irmã como uma menina meiga, inocente, muito sonhadora e que adorava imaginar-se vivendo em um mundo de faz de conta. Assim como ocorre entre a maioria dos irmãos, às vezes havia algumas discussões entre eles quando, por exemplo, um queria algo e o outro também, ou então um fazia uma coisa e o outro não concordava. Contudo, no fim das contas, sempre acabavam fazendo as pazes e percebendo o quanto se gostavam.

Deixar para trás a antiga cidade e a vida a que estavam acostumados não foi nada fácil. Levou certo tempo até que Tamara se acostumasse com o novo cotidiano e a possibilidade de fazer outras amizades. E uma dessas primeiras amizades se deu justamente no edifício onde ela morava. Lá havia algumas crianças com idade próxima à sua, e foi uma delas, Felipe, que acabou se aproximando da menina.

Filho mais novo de sua família, Felipe Almeida era somente um ano mais velho que Tamara. Eles acabaram se conhecendo ao acaso, quando o menino descia as escadas do edifício onde ambos moravam. Assim como Tamara, Felipe também acabava quase sempre tendo de brincar sozinho devido à diferença de idade entre ele e suas duas irmãs, que eram bem mais velhas.

Logo que se conheceram, Tamara e Felipe já haviam simpatizado um com o outro devido a um costume, comum entre crianças, que ambos possuíam: não importava quais fossem o dia e a ocasião, gostavam de usar quase sempre as mesmas peças de vestimenta, aquelas que mais apreciavam. Enquanto Tamara usava frequentemente um vestido todo bordado, que fora feito por sua falecida avó, Felipe também não tirava um par de botas que havia ganhado do pai, antes de este se separar da mãe um ano atrás.

Quando se conheceram, no início Tamara e Felipe trocavam apenas alguns olhares tímidos, e não tardou para que viessem então os primeiros sorrisos espontâneos. Cerca de algumas semanas após o primeiro olhar, estes enfim trocaram as primeiras palavras. Era fim de tarde e chovia muito na cidade quando Felipe encontrou Tamara, que chorava próximo a uma árvore. Ao aproximar-se, ele logo percebeu que ela chorava por causa de seu vestido, que havia se rasgado. Compreendendo a tristeza que a menina sentia por algo a que era tão apegada, ele, procurando de alguma forma consolá-la, decidiu mostrar-lhe suas botas para que ela visse que aquele presente, de que ele gostava muito, também estava danificado, pois ambas estavam furadas. Queria que ela visse que, mesmo as botas sendo para ele algo de tanto valor, não se importava de estarem furadas, pois o que realmente importava eram os sentimentos de carinho que tal objeto lhe trazia.

A partir daquele dia, iniciou-se uma forte e verdadeira amizade entre os dois.

*

– Mamãe, será que hoje eu posso ir brincar na casa da Tamara? – pediu Felipe.

– Claro. Mas será que os pais de sua amiguinha não se incomodam de você ficar indo lá? Tem gente que não gosta, filho. Acho que está na hora de eu conhecê-los.

– Os pais dela não se incomodam, mãe, eles já me disseram que gostam muito quando eu vou lá à casa deles.

– Mesmo assim, Fê. Não é bom abusar; já chega as suas irmãs. Bem, hoje você pode ir, mas na semana que vem vou me programar e fazer-lhes uma visita, está bem?

Já na casa de Tamara, Felipe dizia para a amiga que sua mãe gostaria de poder conhecer os pais dela.

– Tamara, minha mãe pretende vir aqui na semana que vem falar com seus pais.

– Sério? Mas por quê? – quis saber a menina, preocupada.

– Ela acha que eles podem estar se incomodando de eu ficar vindo aqui.

– Mas meus pais não se incomodam, você sabe disso, Fê. Eles já disseram várias vezes que gostam muito de você.

– Sim, eu sei. Mas você não conhece minha mãe; ela é toda preocupada com isso. Como ela sabe que minhas irmãs não saíam da casa das amigas, e a mãe delas sempre reclamava da bagunça, ela fica pensando que eu posso estar fazendo a mesma coisa.

– Tudo bem. Eu digo para eles que sua mãe quer vir aqui para conhecê-los.

Tendo se tornado grandes amigos, e sentindo-se como se fossem irmãos, Tamara e Felipe viam-se quase todos os finais de semana, e às vezes até durante a semana. Por ser nova na cidade e não conhecer nada nem ninguém, a garota sentia-se feliz e alegre ao lado do amigo; tanto que, por insistência de Felipe, acabou conseguindo entrar no mesmo colégio que ele.

Apesar de estar um ano mais adiantado que a amiga, Felipe não via a hora de chegar o intervalo para que pudessem ficar juntos. No início, muitas foram as vezes que Felipe acabou deixando os amigos de lado só para poder ficar junto de sua querida e simpática amiga.

— Felipe, vem, vamos lá brincar — solicitou-lhe um colega de sala chamado Tiago.

— Não posso, pode ir você. Tenho que fazer umas coisas.

— Ah, vamos lá, poxa. O que você tem para fazer? Já sei; vai é ficar hoje novamente com aquela sua amiga estranha.

— Estranho é você, Tiago. Já disse para não falar assim da Tamara.

— Como não? Nunca vi garota mais estranha que aquela. Fica lá sempre sozinha e sem ninguém. Você é o único que vejo conversar com ela.

— Qual o seu problema, hein? Deixe-me em paz — disse Felipe, empurrando o amigo e indo para junto de Tamara.

Os anos foram passando, e com eles veio o início da adolescência. Felipe, já com doze anos, acabou se mudando do edifício em que morava para outro a apenas alguns quarteirões de distância. Começou a deixar um pouco de lado os brinquedos e as brincadeiras de que tanto gostava quando estava com Tamara, e, como a maioria dos garotos de sua idade, acabou sentindo-se atraído pelo futebol. Em contrapartida, Tamara seguia sendo uma verdadeira sonhadora. Gostava de se imaginar em meio às mais diversas aventuras. Não importava se era no intervalo das aulas ou às vezes até no meio delas, o que a menina queria era continuar fazendo aquilo de que tanto gostava: soltar a imaginação.

Enquanto as crianças de sua idade começavam a deixar algumas brincadeiras de lado e a agir com um pouco mais de maturidade, Tamara seguia agindo como sempre havia gostado. Pensava no porquê de ter de crescer e começar a fazer coisas mais sérias, se era agindo daquele jeito que ela se sentia feliz.

Porém, essas vontades de Tamara de agir feito uma menina bem mais nova acabaram provocando o afastamento de seu amigo Felipe, que, mesmo compreendendo e gostando da forma como a amiga agia, passava um pouco de vergonha quando estava ao seu lado.

— Vem, Fê, agora é a sua vez de ser a abelha e eu a borboleta — dizia Tamara, correndo pelo pátio do colégio e batendo os braços atrás do amigo.

Muitas também foram as vezes em que os próprios amigos da sala de Felipe começaram a zombar dele por este não desgrudar da menina, chamada por todos do colégio de "A Sonhadora".

No início, Felipe bem que tentou não se importar com o que diziam, pois ter a presença de Tamara ao seu lado, com aquele seu jeitinho simples e humilde, fazia com que se sentisse muito feliz. Mas, vendo que os amigos do colégio também estavam se afastando dele por causa daquela amizade, mesmo não gostando da ideia, acabou decidindo que na escola e enquanto estivesse na frente dos amigos procuraria evitar o contato com a amiga Tamara.

Isso acabou sendo muito triste para a menina, pois ela não compreendia o verdadeiro motivo do afastamento do amigo, uma vez que ele era a única pessoa do colégio com quem ela fizera amizade até então.

— Tamara, hoje não vou poder ficar com você, tá bom? Vou jogar futebol com o pessoal — avisou Felipe.

— Puxa vida, hoje também, Felipe? Já faz mais de um mês que você só pensa em jogar futebol com eles e a gente nem brinca mais — disse Tamara, chateada.

— Lógico que não, foram só alguns dias — respondeu ele, sem jeito.

— Comece a prestar atenção, Felipe, e vai ver que isto está acontecendo quase todos os dias. O que foi? Eu fiz alguma coisa?

— Claro que não. É que eu gosto de futebol, e, se eu não jogar, o time não vai ficar completo — disse Felipe, tentando encontrar uma desculpa para se afastar da amiga.

Os meses passaram e, quando Tamara também completou doze anos, muitos acharam estranho ver aquela menina continuar agindo ainda como uma criança bem mais nova. Mas ela não era daquele jeito porque possuía alguma deficiência intelectual ou algo do tipo, e sim porque era daquela maneira que ela gostava de ser.

Contudo, por acabar agindo um pouco diferente da maioria das crianças de sua idade, seus professores começaram a ficar preocupados. Para eles, agir e viver em um mundo de sonhos enquanto ela estivesse no intervalo das aulas não representava problema algum. Mas ficar sonhando acordada e durante a aula, isso sim já era algo que começava a preocupar, pois tal fato passou a prejudicá-la nos estudos.

A menina, por estar quase sempre distraída e sonhando acordada, muitas vezes não prestava atenção às aulas e acabava indo mal nos trabalhos e nas provas. Tal fato fez com que a professora decidisse chamar seus pais no colégio e explicar-lhes o que estava acontecendo.

– Bom dia, senhores, eu os chamei aqui porque já faz algum tempo que tenho considerado estranho o comportamento da filha de vocês — iniciou a professora, dirigindo-se aos pais de Tamara. – Tenho reparado que ela não tem se enturmado com as outras crianças, e quase sempre me dá a impressão de estar desatenta durante as aulas, como se sonhasse acordada.

O pai de Tamara, o senhor Maurício Vieira, sempre procurara ser um homem muito responsável e nunca havia deixado faltar nada em seu lar, mesmo sem possuir condições financeiras tão promissoras. Trabalhava como um respeitado pedreiro no interior do estado de São Paulo e mudara-se com a família para a capital à procura de novas oportunidades de trabalho. Já a mãe de Tamara, a senhora Cecília Vieira, sempre fora esposa e mãe dedicada aos afazeres da casa. Nunca tinha necessitado trabalhar, pois, mesmo sendo eles uma família humilde, o marido sempre lhe dera condições para tal.

– Bem, nós compreendemos que Tamara é uma menina muito sonhadora, mas esse é o jeito dela, senhora — explicou sua mãe.

– A senhora pode ter certeza de que ela não age assim por desleixo – completou seu pai, o senhor Maurício Vieira.

– Sim, eu imagino. Concordo que as crianças devem se expressar e fazer aquilo que gostam e as faz se sentirem bem. Mas tenho visto como o desempenho dela está caindo e sendo realmente prejudicado. Eu só os chamei aqui porque quero o melhor para Tamara, pois, do jeito que as coisas estão caminhando, não será difícil a filha de vocês acabar sendo reprovada – concluiu a professora.

Muito chateados com o fraco desempenho que a filha vinha apresentando, os pais de Tamara, mesmo sabendo que ela sempre fora daquele jeito, uma menina sonhadora, decidiram chamar-lhe a atenção para que não acabasse sendo reprovada na escola.

Triste, Tamara logo compreendeu o quanto suas aventuras imaginárias a estavam atrapalhando e prometeu-lhes que, enquanto estivesse na sala de aula, evitaria ao máximo ter qualquer tipo de distração, e que iria se esforçar para melhorar seu desempenho.

A partir desse dia, as coisas no colégio começaram a mudar para Tamara, e não tardou para que seu rendimento melhorasse. Foi no mesmo período em que, devido ao afastamento do grande amigo Felipe, a menina acabou fazendo uma nova amizade. Conheceu uma garota chamada Amanda Sales, da mesma idade que ela e que havia acabado de ser transferida de outro colégio.

Assim como Tamara, para sua surpresa, essa nova amiga também gostava muito de se imaginar em um mundo de faz de conta. E muitas foram as vezes em que elas combinavam de dormirem juntas, só para que pudessem ficar imaginando com o que queriam sonhar.

Por morarem no mesmo quarteirão, quase sempre os pais de Amanda, o senhor Osvaldo Sales e a senhora Roseli Sales, deixavam-na dormir na casa da amiga. Ambas chegavam a ficar por horas e horas acordadas, simplesmente imaginando e combinando com o que iriam sonhar.

– Hoje eu quero ser a princesa e que você seja a bruxa má – disse Amanda.

– Tudo bem. Mas, se eu fosse você, ficaria com medo, porque vou ser uma bruxa muito feia e malvada – brincou Tamara.

– Ah, não! Assim você me assusta. Pode até ser um pouco feia, ter uma verruga no nariz, mas não muito malvada, né?

– Não! Vou roubar todos os seus doces e comer tudo sozinha – falou Tamara, fazendo voz de bruxa.

Geralmente, as meninas procuravam se imaginar juntas no mesmo sonho. Em um sonho no qual, por exemplo, enquanto uma faria o papel da mocinha, a outra seria a vilã, ou as duas seriam as mocinhas – tudo dependia do que haviam combinado antes de dormirem.

As meninas gostavam tanto de se imaginar em um mundo de sonhos, que acabaram criando um lugar somente delas, um lugar onde tudo era possível. E gostaram tanto daquele lugar de sonhos que, um dia, decidiram dar-lhe um nome. Amanda possuía muitas ideias e nomes para dar ao lugar, mas, quando disse que precisavam de um nome para chamar aquele mundo imaginário, Tamara logo sugeriu um que, segundo ela, tinha tudo a ver com o que procuravam. Elas iriam chamá-lo de "Vale dos Sonhos".

2

O Vale dos Sonhos era, para Tamara e Amanda, um local mágico e sem limites para a imaginação. Quando elas o criaram, imaginaram um lugar onde tudo seria possível quando fossem dormir e pudessem sonhar. E, se desejassem estar em meio a alguma batalha ou aventura, os vilões não seriam criaturas horripilantes, nem mesmo fariam crueldades. Eles seriam apenas seres um pouco tristes e amargurados, mas que no fundo nunca haviam tido o desejo de praticar maldades com ninguém. Apenas buscavam ser amados e compreendidos.

— Tamara, você já pensou no que encontraremos hoje no Vale dos Sonhos? – perguntou sua amiga Amanda, toda empolgada.

— Bem, tem uma coisa que eu sempre tive vontade de fazer, que era poder ir até as nuvens e ver se elas realmente são iguais a algodão-doce — disse ela, lambendo os beiços.

— Que ótima ideia! Eu também sempre tive essa curiosidade. Então hoje a gente podia fazer de conta que tinha uma montanha que ia até as nuvens – sugeriu Amanda.

— Mas será que não vai ser muito cansativo? Que tal se, em vez de ter de subir andando, a gente imaginasse que nessa montanha tinha um rio que iria até o topo e que a água levasse a gente até lá em cima? — sugeriu Tamara.

— Isso mesmo. E, ao invés de a água descer, nesta montanha ela vai subir e levar a gente em um barco até o topo, pertinho das nuvens.

— Gostei. Mas e se em vez de ser um barco fosse uma tartaruga gigante que levasse a gente nas costas dela? – empolgou-se Tamara.

— Mas vai ser muito duro sentar nas costas de uma tartaruga, Tamara. Por que não imaginamos que nas costas da tartaruga gigante tem dois ursões, e que a gente iria sentada no colo deles?

— Oh, que fofo, já estou até sentindo o pelinho macio deles. Tá bom, mas a água do rio tem de ser bem calma, porque senão vai molhar a gente – disse Tamara.

— Está bem! – concordam as amigas, indo deitar-se.

Com o tempo e a sintonia que foi existindo entre as duas, os encontros nos sonhos começaram a ser cada vez mais frequentes, de forma que, quando acordavam, quase sempre as histórias e acontecimentos que narravam eram bem parecidos. Tanto que elas realmente confiavam que ambas haviam estado juntas, participando daquele mundo de fantasias.

Mas, como em todo sonho sempre existe a possibilidade de este vir a se tornar um pesadelo, quando acontecia de uma das meninas estar triste por algum motivo, ao entrarem no Vale dos Sonhos, as coisas acabavam não saindo como planejavam. Ocorria que, mesmo naquele mundo de sonhos que haviam criado, algumas vezes também existiam situações em que as cores pareciam perder o brilho, e tudo lhes fugia ao controle.

Não bastasse isso, em meio àquelas estranhas situações, em determinados momentos, havia aparições de alguns seres chamados por elas de Sérferus – palavra criada pelas duas amigas combinando as características deles, pois os consideravam SEREs FEios e RUins dos Sonhos. Elas não sabiam quem eles eram, o que queriam, ou se de fato eram maus. Mas, sempre que os sonhos se transformavam em pesadelo e elas os viam, devido à aparência escura e perturbadora que possuíam, as meninas não perdiam tempo e fugiam o mais rápido que podiam, procurando se esconder para que eles não as encontrassem.

No Vale dos Sonhos:
— Meu Deus, você viu aquilo? — perguntou Amanda.
— Sim, e parecia estar procurando alguém — respondeu Tamara, assustada.
— Ai, amiga, você acha que ele estavam atrás da gente?
— Não sei, Amanda, mas estas aparições têm acontecido com mais frequência.

Ambas dormiam na casa de Tamara e, como de costume, haviam se dirigido durante o sonho ao mundo criado por elas. Porém, ocorria que naquele mesmo dia Amanda havia presenciado mais uma das constantes brigas, que havia algum tempo vinham ocorrendo, entre seus pais. O pai de Amanda era viciado em bebidas alcoólicas e, toda vez que chegava tarde em casa, a mãe já sabia onde ele havia estado. No fundo, ele não era uma pessoa ruim e o casal se amava, mas aquela situação vinha deixando-os muito infelizes. Por mais que o pai de Amanda soubesse o quanto a bebida o prejudicava, não conseguia largá-la. Tinha em mente que tomar uns goles depois do trabalho não fazia mal algum.

Porém, toda vez que ele chegava cheirando a bebida em casa, não era só o odor que incomodava a esposa; ele chegava muito alterado, falando alto, às vezes rindo, outras vezes chorando, e a esposa sabia o quanto aquilo o estava prejudicando. Por isso, toda vez que ela tentava dialogar com o marido, dizendo o quanto aquilo lhe fazia mal e que ele deveria pensar no exemplo que dava à filha, ele se irritava. Começava a esbravejar e jogava tudo o que estivesse em seu caminho no chão, só por estar sendo advertido.

No Vale dos Sonhos:

— Estou com medo. Será que eles são maus? – perguntou Amanda, escondendo-se atrás da amiga.

— Melhor a gente não ficar aqui parada para descobrir. Eu lhe disse para parar de ficar pensando na briga dos seus pais, Amanda. Sabe que sempre que eles brigam e você fica assim, é quando os Sérferus mais aparecem.

— Mas eu não tenho culpa; é muito triste ver meus pais brigando. E também não faço por mal. Quando vejo, já estou com a cena da briga na cabeça – justificou-se Amanda.

*

Assim foram passando os anos seguintes, até Tamara completar seus catorze anos em 2002 e muitas mudanças físicas começarem a surgir em seu corpo. Logo a menina com corpo de criança tornou-se uma linda jovem e, com isto, alguém que a tinha apenas como amiga passou, sem perceber, a interessar-se por ela: seu amigo Felipe, agora com quinze anos.

Sem que a garota soubesse, ele passou a nutrir uma pequena atração por ela, mas teve receio de lhe dizer algo e assim acabar estragando a amizade que tinham. Além do mais, sabia que a menina gostava de Nícolas Cardoso, ou Nic, como as meninas o chamavam na escola.

Desde os doze anos, quando o vira pela primeira vez, Tamara já havia sentido algo diferente por aquele garoto do colégio. Dois anos mais velho que ela e apesar de terem conversado somente uma única vez, durante o intervalo, quando Nícolas estava à sua frente na fila da cantina e pediu-lhe que guardasse seu lugar por alguns instantes, aquilo foi o suficiente para ela se encantar com a voz e o jeito simpático do garoto.

Por isso, mesmo tendo ciúmes de Nícolas, Felipe sabia que dificilmente a amiga iria se interessar por ele, pois, tratando-o como um verdadeiro irmão, Tamara nem imaginava o que acontecia com o amigo. Felipe tinha de se segurar para não dizer a ela o que sentia e ainda por cima tinha de ver a amiga se derretendo por outro garoto.

Nos momentos em que não estava mergulhada em seu mundo de sonhos, Tamara gostava de ficar observando Nícolas de longe, enquanto este jogava futebol com os amigos. Quase sempre às escondidas, a menina observava-o imaginando como enfim seria seu primeiro beijo.

Mas, apesar de já ter completado catorze anos, ela seguia olhando o mundo com os olhos da imaginação, e um conto de fadas de que Tamara gostava muito era o da "Bela Adormecida". Poder imaginar-se sendo despertada de seu longo sono por meio de um beijo de seu lindo príncipe encantado era, para a menina, uma verdadeira história de final feliz. Por isso, ela não via a hora de aquele momento acontecer.

— Ai, ai... – suspirava Tamara no colégio.

— Já está aí mais uma vez se derretendo toda por aquele menino – alertou Felipe, aproximando-se da amiga.

— Ah, imagina. Eu só tinha me lembrado de um doce de que gosto muito – respondeu Tamara, tentando disfarçar.

— Doce, é? Sei. Anda, menina, vem logo. Vamos lá encontrar sua amiga Amanda antes que o intervalo acabe.

Do que Felipe menos gostava era sair para o intervalo e pegar a amiga acompanhando todos os movimentos de Nícolas enquanto este jogava bola. Aquele menino era o único capaz de fazer Tamara se esquecer do mundo imaginário em que vivia. Típico amor juvenil, a menina o admirava tanto, que em seu caderno o nome dele estava escrito várias vezes entre coraçõezinhos.

Enquanto a amiga Amanda incentivava a menina a se declarar logo para Nícolas, Felipe, pelo contrário, toda vez que a via pensando nele, tentava fazê-la se esquecer e desistir daquilo. Falava que o menino era metido e que não a merecia. Tudo por ciúmes e por não ter coragem suficiente para se declarar à amiga.

Mas, apesar do grande receio de Felipe, houve uma vez em que sentiu que enfim era a hora de se declarar para Tamara. Foi em um dia em que ele e Amanda acabaram dormindo na casa de Tamara. Após fazerem uma verdadeira farra durante a noite, as meninas caíram no sono. Sabendo que a amiga vivia se imaginando sendo acordada com um beijo, e após ficar observando-a enquanto dormia, Felipe decidiu criar coragem e tentar beijá-la. Mesmo com receio de que aquilo pudesse estragar a amizade entre eles, o garoto não aguentava mais esconder o que sentia pela amiga, pois, assim como ela, ele também nunca havia tido a oportunidade de beijar alguém. O garoto nem imaginava como seria aquela sensação de ter os lábios junto aos de alguém.

Então, aproximando-se bem devagar da amiga, e tomando todo o cuidado para que ela não acordasse, Felipe debruçou-se sobre a menina, que dormia tranquilamente na cama ao lado, e, com os olhos fechados, seguiu em sua direção. Em sua mente, naquele momento, nada mais importava; queria apenas sentir como seria ter a boca junto à de Tamara. Foi então que, por estar de olhos fechados, Felipe não percebeu quando seu pé ficou em cima do cabelo de Amanda, que dormia em um colchão no chão, puxando-o.

Quando seu pé deu um puxão no cabelo da menina, ela acordou imediatamente dando um grito e fazendo com que Tamara levantasse assustada. Esta deu então uma bela cabeçada em Felipe, que estava de olhos fechados e com o rosto próximo do dela.

Com o choque, o menino, que se equilibrava apenas no pé que estava sobre o cabelo de Amanda, assim que esta o puxou, acabou se desequilibrando e caindo sobre ela no colchão. Com a mão na testa e sem entender o que havia ocorrido, Tamara não se conteve e caiu na gargalhada ao olhar para baixo e ver Felipe e Amanda, um sobre o outro, ambos com as mãos na cabeça.

Aquela foi a única vez, frustrada, em que Felipe tentou beijá-la. Depois desse dia, muitas outras foram as vezes em que os amigos acabaram dormindo ora na casa de Tamara, ora na casa de Amanda e até mesmo na casa de Felipe. Mas o menino havia decidido que nunca mais tentaria beijar a amiga sem que tivesse plena certeza de que ela também gostava dele.

Houve uma vez no colégio, durante o intervalo, que, como de costume, lá estavam Tamara e Amanda sonhando acordadas com o mundo imaginário em que passavam a maior parte do tempo. Quando mergulhavam em suas fantasias, ambas sentiam-se como se de fato participassem dos eventos que lá ocorriam, e havia dias em que acabavam se envolvendo de tal forma, que se punham também a gesticular com braços, pernas e até a falar sozinhas.

Naquele dia, Tamara via-se como uma valente guerreira que, após seguir na noite mais escura para o castelo mais distante e subir na masmorra mais alta e enfim encontrar a maçã dourada, acabara tendo de enfrentar a fúria de sua amiga Amanda na pele de um dragão. E, enquanto fugia com agilidade pelo local, tendo em seu encalço o perigoso dragão que queimava tudo logo atrás dela, Tamara, de olhos fechados e sem perceber que corria pelo pátio do colégio, fez um brusco movimento com os braços e acabou acertando as costas de Bianca enquanto esta passava a seu lado.

Bianca Lemos, ou apenas Bia, como era conhecida entre as amigas — diferentemente de Tamara e Amanda, que faziam parte do grupo das excluídas da classe e na aula de educação física sempre eram as últimas a serem escolhidas para alguma atividade —, era aquela garota perto de quem todos queriam estar, pois era considerada a mais popular do colégio. Os meninos a idolatravam por ela ser a mais bonita, e as meninas, por ela sempre se vestir na moda e possuir os cabelos mais lindos e macios do colégio.

Filha única do casal Laerte Lemos e Sofia Lemos, Bianca, por sempre possuir tudo o que desejava, acabou se tornando uma menina metida e arrogante, pois fazia questão de reclamar para seus pais, que eram considerados ricos, ser uma grande humilhação ter de estudar naquele colégio que ela considerava pobre.

Seu pai, Laerte, era um conhecido diretor em um dos hospitais do bairro, um grande empresário do ramo que fazia de tudo para agradar a esposa e a filha. Já sua mãe era uma mulher que não possuía nenhum respeito por quem estivesse abaixo de sua classe social. Acostumada a mandar em todos, inclusive no próprio marido, era ela quem geralmente atendia aos caprichos da filha, tentando moldá-la à sua imagem. E o que Bia não sabia era que já fazia algum tempo que a situação de seu pai no emprego não era mais a mesma, pois o hospital enfrentava uma difícil crise financeira. Além disto, o que Bia também não sabia era que secretamente a jovem Tamara nutria uma pequena inveja por ela, uma vez que esta já havia tido um rápido relacionamento com Nícolas no passado. Porém, mesmo não estando mais junto do garoto, Bianca ainda gostava muito dele, pois fora ele que, por pressão dos amigos, acabara terminando o relacionamento com Bia, para que pudesse se dedicar mais ao time de futebol.

Com a pancada que levou de Tamara nas costas, Bianca não se segurou e deu um alto grito, muito irritada. Tamara, que estava concentrada e não viu o que tinha feito, acabou voltando à realidade, sem que pudesse compreender o que havia acontecido. Furiosa, a garota seguiu em sua direção e não poupou sua raiva:

— Sua maluca, retardada. Por que não presta atenção? — gritou, e depois prosseguiu: — Quem você pensa que é para ficar aí neste seu mundinho de faz de conta?

Neste instante, vendo que estava havendo uma discussão, todos os que estavam no pátio do colégio, ao ouvirem aquela gritaria, começaram a se aglomerar em volta das duas. Ao perceber que atraíra a atenção de todos, Bianca decidiu se aproveitar da situação e humilhar Tamara, uma vez que já fazia tempo que via a garota entregue a seu mundo de sonhos, e aquilo a irritava profundamente.

Tamara gostava tanto de ficar em seu mundo de faz de conta, que às vezes nem percebia o que se passava a sua volta.

Apesar de ser um pouco tímida, a menina nem tinha ideia do que seus gestos provocavam. Muitos achavam aquilo estranho, outros apenas riam, e também havia aqueles que a invejavam por toda a sua criatividade.

— Feia, maluca. Por isso que está sempre aí, sozinha — disse Bia, empurrando-a e fazendo-a cair no chão. — Quem é o doido que vai querer ser amigo de uma menina assim, igual a você, que vive agindo como uma retardada? — completou.

Na verdade, Bianca tinha consciência de que Tamara era amiga de Amanda e Felipe, que lhe faziam companhia. Mas tinha algo naquela garota que a incomodava havia muito tempo. Desde que a vira pela primeira vez, brincando, gesticulando e dando gargalhadas de olhos fechados durante o intervalo, tinha se irritado com seu jeito. Talvez Bianca já soubesse ou tivesse previsto que Tamara sentia algo por *seu* Nícolas, de quem ainda tanto gostava, incomodando-se muito por terem terminado.

Os xingamentos de Bianca só terminaram quando esta percebeu que, em meio às dezenas de crianças que riam do que ocorria, também estava Nícolas. Assim como a maioria dos que estavam ali, ele só se aproximara do tumulto por curiosidade.

Acuada em um canto, após Bianca tê-la feito passar vergonha na frente de todos, Tamara não se segurou ao ver as crianças rirem dela e começou a chorar. Mas, para não dar a impressão de que ela era a coitadinha e que Bia era a malvada na situação, decidiu afastar-se e deixá-la, pelo menos por enquanto.

Foi então que, sem saber o que havia ocorrido, chegou Felipe. Naquele dia, ele havia tido de ficar mais tempo na sala de aula para copiar a matéria da lousa e acabou não vendo o que tinha ocorrido. Ao sair e ver que no meio daquela aglomeração sua amiga chorava, espantou-se e saiu correndo para socorrê-la. Quem também tentava consolar a menina era sua amiga Amanda, que, mesmo vendo todo o abuso de Bianca, no momento da confusão não tivera coragem de ajudar a amiga.

— O que houve? — perguntou Felipe, todo preocupado.

— Foi aquela chata da Bia — respondeu Amanda.

— Mas por quê? A Tamara fez algo para aquela menina? — quis saber o amigo.

— É que, sem querer, enquanto eu e a Tamara brincávamos no Vale dos Sonhos, ela deu um tapa nas costas da Bia.

— Puxa vida, quantas vezes eu vou ter de dizer para vocês terem mais cuidado? Vocês ficam balançando os braços; uma hora isto ia acabar acontecendo. E estão vendo só? Por azar, acabaram acertando a menina mais chata do colégio. Eu vou agora mesmo tirar satisfação com ela.

— Não, por favor — solicitou Tamara, enxugando as lágrimas.

— Eu não vou deixar barato aquela menina fazer isto com você, nem pensar — disse Felipe, levantando-se para ir atrás da menina, mas logo foi detido por Tamara, que segurou seu braço.

Após olhar nos olhos da amiga e perceber que ela não queria mais nenhuma confusão, o menino se controlou e então sorriu; e, após passar a mão em seu rosto para lhe enxugar as lágrimas, ajudou-a a se levantar. Sem dizer uma única palavra enquanto amparava a amiga, Felipe prometia-lhe ali que, a partir daquele momento, jamais deixaria que alguém a humilhasse ou a fizesse sofrer novamente.

3

Nos meses após a humilhação no colégio sofrida por Tamara e já tendo se iniciado o ano de 2003 com mais um período letivo na escola, sua amizade com Felipe acabou se fortalecendo e se solidificando ainda mais. Considerando-o apenas um grande amigo, a menina nem imaginava o esforço que ele fazia para não se declarar para ela.

É difícil conviver durante tanto tempo com alguém por quem se tem um verdadeiro carinho de irmão e acabar descobrindo que na realidade aquela sensação de frio na barriga de quando estão juntos é muito mais que somente amizade. Felipe, assim como Tamara, também nunca tivera a oportunidade de beijar alguém, e isso acabava sendo um grande motivo de gozação entre os amigos, pois a maioria dos garotos de sua idade, se não todos, já havia pelo menos dado seu primeiro beijo.

Os amigos de Felipe eram cinco: Luciano Bernardes, Tiago Gomes — os quais, assim como ele, também tinham quinze anos —, Ricardo Jordani, de catorze, Juliano Guimarães. de dezesseis, e o mais velho do grupo, Rogério Dutra, de dezessete anos.

De todos os seus amigos, o que mais implicava com ele por nunca ter beijado ninguém era Rogério. Apesar de jamais terem brigado, houve muitas vezes em que Felipe, descontente com as provocações do amigo, quase perdera a cabeça.

— Até o Ricardo, que é mais novo do que você, já beijou duas garotas, e você até agora nada — disse Rogério, provocando Felipe.

— Ai, deixa ele, Rogério. Lá vem você novamente com esse assunto — reclamou Luciano.

— O que foi? Agora deu para ficar protegendo ele? Você, se não fosse aquela cega da Renata que usa óculos tê-lo beijado, também seria um "boca virgem" — retrucou Rogério.

— Isso é verdade — concordou Tiago, rindo.

— Eu acho que no fundo o Felipe não gosta de garotas — provocou Juliano.

— Vocês são uns palhaços. Se ele gosta ou não gosta, o que vocês têm a ver com isso? — irritou-se Luciano.

— Ah, qual é, Luciano? Eu também estou começando a achar que tem algo aí. Todo mundo sabe que a Jéssica gosta dele, e mesmo assim ele fica fugindo dela — brincou Ricardo.

— Lógico que foge; o cara não gosta de menina. Deveria assumir de uma vez que o seu negócio são os garotos. Seu fresco — completou Rogério.

Apesar das provocações, Felipe preferia permanecer em silêncio. Muitas foram as vezes em que ele tentou se justificar, mas dificilmente os amigos lhe davam ouvidos. O único que se irritava quando começavam as gozações era Luciano; o restante adorava ver Rogério provocando Felipe.

Na verdade, Felipe nunca tivera coragem de lhes contar que na realidade ele gostava era de Tamara, por receio de gozações. Ela era a "garota estranha" do colégio, e dizer que estava interessado nela seria motivo para sofrer ainda mais provocações. Por isso, quando os amigos queriam apresentar-lhe uma garota, ele sempre dava a desculpa de que ela não era bonita. Mas todos sabiam o quanto sua colega de sala, Jéssica Teixeira, gostava dele. E, para a maioria, ela era uma das garotas mais bonitas da sala. Houve até uma vez na sala de aula em que a professora pediu que formassem duplas para realizar um trabalho, e como Luciano, com quem geralmente Felipe fazia dupla, havia faltado, ele acabou sendo obrigado a se juntar a Jéssica.

Durante quase o tempo todo em que estiveram juntos fazendo o trabalho naquele dia, a garota não fez outra coisa senão se insinuar para Felipe, que tentava a todo custo afastar-se. Ficou até uma situação engraçada, pois quem olhava para os dois com as carteiras uma ao lado da outra via que Jéssica estava tão perto, quase sentada na própria cadeira do colega, enquanto ele tentava se afastar, quase caindo no chão. A garota sabia que era bonita e o quanto os outros meninos da sala se interessavam por ela, e por isso não compreendia por que Felipe a evitava. Ela já havia pedido às amigas que dissessem ao garoto que estava interessada nele, além de ter lhe enviado inúmeros bilhetinhos, mas nada de ele lhe dar atenção. Porém, quanto mais o garoto se esquivava, mais interessada ela ficava nele.

Para Felipe nada daquilo parecia importar, pois, mesmo Jéssica sendo uma menina bonita, desde que ele descobrira o que realmente sentia pela amiga Tamara, não conseguia pensar em outra garota que não fosse ela. Houve uma vez, durante o intervalo de aula, em que Jéssica, aproveitando-se do momento em que Felipe ficara por um instante separado dos amigos, decidiu aproximar-se. Sentado em um dos bancos no pátio do colégio, Felipe, olhando para o lado esquerdo, não percebeu quando a garota veio e se sentou a seu lado direito. Ao sentir que alguém se sentara e logo segurara sua mão, ele virou-se e foi então surpreendido ao perceber que se tratava de ninguém menos que Jéssica.

O que ela não sabia era que, enquanto ele olhava para o lado esquerdo, acompanhava cuidadosamente os movimentos de sua grande paixão, Tamara. Após ter se afastado da amiga por pressão dos amigos, Felipe aproveitava os intervalos de aula para observá-la. Assim, quando Jéssica veio e sentou-se, ele logo quis se levantar, com receio de que Tamara pudesse vê-lo sentado junto de outra garota. Mas, segurando firme em sua mão, a menina logo impediu que ele se levantasse.

— O que foi, aonde vai? — perguntou Jéssica.

— Ahn... Eu tenho de voltar para a sala, já vai tocar o sinal — respondeu Felipe, tentando encontrar uma desculpa.

— Calma, ainda faltam dez minutos — disse ela, tocando seu ombro. — Não sei se você sabe, mas eu acho tão bonito os seus cabelos — falou, afagando-os.

Sem graça e incomodado, o garoto percebeu ficar corado e nada conseguiu responder, para seu desespero.

— Não apenas os seus cabelos, mas eu também acho que sua boca é muito bonita. E acho que ela deve ser bem macia — sussurrou Jéssica, seguindo para beijá-lo.

Neste instante, percebendo as intenções da garota, e com ela segurando firme seu braço com uma das mãos, e com a outra em sua nuca, o coração de Felipe começou a acelerar. Por um breve instante, ele pensou até em gritar, mas lembrou que estava no colégio e aquilo iria piorar ainda mais as gozações dos amigos. Então, desesperado, a única ação que o garoto conseguiu ter antes que a boca dela encontrasse a sua foi abaixar rapidamente a cabeça. Porém, para seu azar, sua testa acabou acertando a menina bem no nariz.

— Ai! — gritou Jéssica com a pancada.

Para complicar ainda mais a situação de Felipe, a batida acabou provocando um leve sangramento no nariz da menina.

Logo, todos os que estavam ao redor olharam para saber o que estava acontecendo. Nisso, viram Felipe com a mão na testa e Jéssica com a mão no nariz sanguinolento.

Sem entender por que o garoto havia lhe dado uma cabeçada, Jéssica começou a chorar, agravando mais a situação. Quando as amigas da garota viram que a menina estava sangrando, quiseram rapidamente tomar satisfações com o garoto. Ele tentou se explicar, mas a aglomeração de pessoas ao redor foi tanta, que as palavras não saíam de sua boca. E ele acabou sendo acusado por elas de bater em garotas. A situação somente não ficou pior porque um professor que estava por perto viu a confusão e afastou as meninas de perto dele. Com todas pedindo uma punição para Felipe, ele acabou sendo levado para a diretoria, enquanto via que, observando-o de longe, estava sua amiga Tamara, procurando compreender o que havia acontecido.

A caminho da diretoria, Felipe pensou que seria expulso, pois Jéssica era ninguém menos que a filha do próprio diretor do colégio. Já na diretoria, após o professor ter explicado ao diretor, o senhor Rui Teixeira, o que havia acontecido, este imediatamente exigiu explicações de Felipe, antes de solicitar a presença de seus pais. O colégio onde estudavam era muito rígido com relação a quaisquer tipos de violência ou brigas entre os alunos.

Sendo o diretor conhecido por ser uma pessoa bastante enérgica, ninguém gostava de ser levado a ele, com medo de represálias. Porém, o senhor Rui sempre se colocava imparcial, independentemente de ser algo relacionado à própria filha. Nunca fazia julgamentos apenas por boatos; sempre gostava de ouvir dos próprios alunos sua versão da história. Por isso, enquanto Jéssica era encaminhada para a enfermaria a fim de conter o sangramento, ele iria ouvir primeiro a versão de Felipe.

— E então, meu rapaz, não gostaria de me esclarecer o que foi que realmente aconteceu? — solicitou o diretor.

Suando frio e com o diretor encarando-o e aguardando por alguma explicação sobre a acusação de bater em garotas, Felipe não conseguiu dizer uma única palavra. Estava muito nervoso e não sabia como explicar ao diretor, e pai de Jéssica, que sua filhinha havia acabado de tentar beijá-lo.

O que o diretor não sabia era que sua querida filha não era a "santinha" que ele imaginava. Com corpo de moça e sabendo o quanto suas curvas influenciavam o imaginário dos garotos, Jéssica adorava fazer provocações. Tudo para se sentir poderosa e desejada.

Uma vez até surgiram boatos no colégio de que um ex-aluno fora expulso porque havia tão somente magoado a filha do diretor, pois depois de uma pequena discussão entre o aluno e Jéssica o rapaz nunca mais aparecera no colégio, aumentando ainda mais os boatos.

— Vamos lá, estou esperando sua explicação — persistiu o diretor.

Ainda calado e encolhido na cadeira, Felipe já começava a pensar em sua expulsão, pois, por mais que tentasse explicar o que de fato havia ocorrido, tinha certeza de que o senhor Rui não entenderia. Como dizer ao diretor que havia tempo sua filha vinha flertando com ele e que ela havia acabado de tentar beijá-lo?

— Rapaz, não me faça perder a cabeça; estou tentando ser legal com você. É melhor me dizer algo, senão irei considerar como sendo verdadeira a acusação que estão fazendo — advertiu.

Então, vendo que sua situação já estava ruim mesmo, Felipe decidiu contar de uma vez por todas a verdade, não importando se o diretor acreditaria nele ou não.

— Bem, senhor... — iniciou ele, nervoso.

Mas, antes que ele prosseguisse, logo foi interrompido:

— Pai! — disse Jéssica, entrando rapidamente na sala com um curativo no nariz.

— Agora não, minha filha; vou falar com você assim que ouvir a versão deste rapazinho sobre o que foi que aconteceu.

— Mas por que, papai? Eu posso muito bem esclarecer que tudo não passou de um simples acidente. Acontece que, enquanto eu caminhava pelo pátio, deixei meu caderno cair, e o Felipe quis ser gentil. Ele se abaixou para pegá-lo e, quando se levantou, eu, distraída e querendo ajudá-lo, não percebi. Daí, sem querer, ele acabou acertando o meu nariz. Ele não teve nenhuma culpa, papai. Só estava sendo gentil comigo e não viu que eu havia me abaixado — explicou Jéssica.

— Foi realmente isto que aconteceu? — perguntou o diretor a Felipe.

Sem compreender o porquê de a garota ter inventado aquela história, e percebendo em seus olhos que ela queria que ele confirmasse aquela mentira, Felipe, sem perda de tempo, logo acenou com a cabeça, confirmando.

— Sim, senhor... Eu me abaixei para pegar o caderno e, quando levantei, não vi sua filha... — gaguejou Felipe.

Com a mão na barba e encarando-o, parecendo querer ver nos olhos do garoto se o que diziam era verdade, o diretor fitou-o por alguns segundos em silêncio, tendo Jéssica ao fundo, torcendo para que o pai acreditasse no que havia dito. Então, para alegria deles, ele logo decidiu aceitar aquela versão.

— Está bem. Tenham mais cuidado da próxima vez. Principalmente você, rapaz. Já pode voltar para sua sala de aula.

Aliviado, Felipe, sem dizer nada, levantou-se e saiu, vendo Jéssica observá-lo com um olhar indiscreto. Mas o que o rapaz não sabia era que, no fundo, Jéssica não costumava fazer algo sem um motivo. Antes de ele se dar conta, a garota iria cobrá-lo por tê-lo livrado de um castigo.

No dia seguinte, final de semana, preocupada com o que ocorrera com o amigo no colégio, Tamara foi procurar Felipe.

— Olá, senhora Joana, o Felipe está? — questionou ela à mãe do garoto.

— Está sim, só não sei se hoje ele vai querer sair. Ficou trancado no quarto praticamente o dia inteiro. Mas entre; irei avisá-lo de que você chegou.

Enquanto Tamara esperava na sala, a mãe de Felipe foi até o quarto do rapaz avisar que sua amiga havia chegado. Após bater à porta, ela entrou e encontrou o filho deitado na cama, olhando para o teto.

— O que foi, meu querido? Você ficou aqui o dia todo. Sua amiga Tamara acabou de chegar e está esperando você lá na sala.

Ao ver que o filho continuava calado e com uma fisionomia de tristeza, ela sentou-se ao seu lado na cama, procurando conversar.

— Por que está aí tão triste, Fê? Aconteceu algo que você não quer me contar?

— Não foi nada, mãe — respondeu ele, virando-se de lado.

— Como "não foi nada"? Pensa que eu não o conheço? Foi algo que aconteceu no colégio? Você está com esta cara desde que voltou ontem. Brigou com algum amigo seu?

— Eu estou bem, mãe. Não briguei com ninguém, só quero ficar sozinho.

— Tudo bem, é você quem sabe. Quer que eu avise a sua amiga que hoje você não está se sentindo bem e quer ficar sozinho?

— Sim, por favor. Diga a Tamara que hoje eu quero ficar só — solicitou Felipe.

Após deixar o quarto, a senhora Joana Almeida avisou Tamara de que o filho não estava bem e queria ficar só. Procurando ser gentil, a garota perguntou se não podia pelo menos dar um oi ao amigo. Porém, a pedido do filho, que queria ficar só, a mãe de Felipe disse a ela que era melhor não e pediu que retornasse outra hora. Sem compreender a razão, mas respeitando a decisão do amigo, Tamara se despediu e foi embora.

Acontece que Felipe sentia-se mal com tudo o que havia ocorrido e estava com vergonha de encarar a amiga. Ele não sabia se ela também achava que ele havia batido em Jéssica, ou se tinha visto quando a garota tentara beijá-lo. De qualquer maneira, pensava que ela iria querer alguma explicação, e ele acabaria tendo de mentir, como fizera na diretoria. Por isso, desejava apenas esquecer aquilo e apagar o que havia acontecido.

4

Após algumas semanas, tudo parecia enfim ter voltado ao normal. As pessoas, principalmente as amigas de Jéssica, já não mais ficavam encarando o rapaz ou sussurrando quando ele passava. Contudo havia alguém que ainda se lembrava, e muito, do que tinha acontecido. Era a própria Jéssica, que, mesmo depois do susto que levara com o risco de o pai dela descobrir que tinha tentado beijar o rapaz quase à força, ainda continuava a encará-lo. Toda vez que Felipe passava por ela, observava-o e fazia questão de que ele soubesse que ela o fazia.

Mas Felipe tentava não ligar. Entendia que, depois do que ocorrera, dificilmente a garota iria tentar fazer algo parecido de novo. Ele seguia como sempre, evitando falar com Tamara no colégio para que os amigos não pegassem no seu pé, mas sempre observando-a de longe. E, mesmo tentando ser discreto para que ninguém percebesse que ele fazia isso, quem acabou vendo a fixação de Felipe por Tamara foi justamente Jéssica.

Já fazia alguns dias que a garota havia visto que, toda vez que Felipe estava no pátio, ele sempre parecia ficar olhando para algum lugar. Ela, como sentia atração por ele e gostava também de observá-lo, logo percebeu que ele sempre mantinha os olhos distantes de onde ela estava, e não precisou muito para perceber que era para Tamara que ele tanto olhava.

Foi então que a garota entendeu o porquê de o rapaz não querer nada com ela. Ele secretamente nutria uma paixão pela menina que vivia no mundo dos sonhos.

— Então é por isso. Quer dizer que no fundo você gosta desta garota... — sussurrou Jéssica, observando-o de longe.

Não demorou para a garota ter uma ideia. Nos dias seguintes, Jéssica começou a se aproximar de Tamara durante os intervalos. Queria conhecer um pouco mais daquela garota e tentar entender o que ela tinha para Felipe se interessar tanto por ela.

Como Tamara era uma garota muito simples, logo deixou que Jéssica se aproximasse. Apesar de ela e a amiga Amanda gostarem de ficar no intervalo entretidas com o mundo de sonhos que haviam criado, não viu problemas em alguns dias conversar com a nova amiga. Afinal, Jéssica havia se apresentado a ela como uma garota muito gentil e educada. Quem não gostou nem um pouco de ter a amiga dividida com outra garota foi Amanda, que não demorou para começar a perceber que, no fundo, existia algo por trás de toda aquela gentileza e do aparente interesse de Jéssica pela amiga.

Outra pessoa que também ficou muito preocupada e desconfiada foi Felipe. Ele não entendia o porquê de Jéssica ter começado a conversar com Tamara durante os intervalos. Sabia que aquilo era um mau sinal e que, como já o tinham alertado, Jéssica não costumava fazer algo sem ter um motivo por trás.

Quando enfim chegou o final de semana, Felipe foi à casa de Tamara para conversar, pois fazia alguns finais de semanas que ele e a amiga não se viam.

— Boa tarde, Fabrício! Sua irmã está em casa?

— Oi, Felipe. Então, minha irmã não está. Parece que foi até a casa da amiga.

— Ah, da Amanda, não é? — indagou Felipe.

— Não, ela disse que era de uma tal de Jéssica. Ela passou aqui logo cedo e saíram.

"Agora sim a coisa ficou séria", pensou Felipe. Depois de agradecer a Fabrício, o garoto retornou pensativo para sua casa. "Ainda não acredito que a Jéssica está mesmo interessada em ter uma amizade com a Tamara. Isso só pode ser brincadeira."

No caminho, Felipe acabou encontrando Amanda sentada à porta de casa e decidiu parar para conversar com a garota.

— Oi, Amanda, tudo bem?

— Olá, Fê... mais ou menos — respondeu a garota, cabisbaixa.

— Mas por quê? O que houve? — disse ele, já entrevendo a resposta.

— É a Tamara, sabe? Depois que ela conheceu aquela tal de Jéssica, parece que tenho de ficar implorando por sua atenção. Sei que ela não faz por mal, mas, como sou a única garota do colégio com quem ela conversava, acho que ela deve estar encantada por outra garota ter se aproximado dela.

— E por acaso você chegou a conversar com as duas ou a ouvir a conversa delas? — quis saber Felipe, preocupado.

— Não. Sinto que, toda vez que estou junto, essa Jéssica acaba dando um jeito de fazer a Tamara se afastar de mim. Então acabam conversando a sós — explicou a garota, e prosseguiu: — Estou começando a ficar preocupada, viu? Eu não gosto de julgar as pessoas, mas, não sei por que, sinto que tem algo de estranho nessa Jéssica. Parece que está querendo algo, mas ainda não consegui compreender o que é exatamente — comentou Amanda.

— Acha mesmo que essa Jéssica não está sendo sincera? — perguntou Felipe.

— Eu acho que ela não está, não. O problema é que a Tamara é muito inocente e, conhecendo-a bem, sei que está apenas querendo ser gentil com essa garota. Só espero que eu esteja enganada e essa Jéssica não a faça sofrer — completou Amanda.

No dia seguinte, no colégio, Amanda encontrou sua amiga Tamara na sala de aula e decidiu perguntar-lhe por que ela tinha sumido no final de semana.

— Ei, Tamara! — sussurrou Amanda.

— Ah, oi, Amanda. Nem tinha notado que você já havia chegado — desculpou-se.

As amigas estudavam na mesma classe desde que Amanda se mudara para o colégio aos doze anos, e Amanda sempre se sentava atrás de Tamara.

— Onde você esteve no final de semana? Eu fui até sua casa duas vezes e sua mãe disse que você não estava — questionou Amanda, procurando ver se ela diria que estava com Jéssica.

— Pois é, me desculpe. É que a Jéssica passou lá em casa logo cedo e me convidou para ir com ela até o lago — respondeu, sorridente.

Não muito distante de onde as meninas moravam, havia um local muito bonito, com várias árvores, flores coloridas e um pequeno lago. Geralmente, Tamara não gostava de ir até lá porque era um local bem conhecido como ponto de encontro dos jovens da região. Como a garota nunca fora de ter amizades e preferia ficar no seu canto, ela sempre evitava o lugar.

— O quê? Você foi ao lago? — espantou-se Amanda. — Mas você nunca gostou daquele lugar, sempre dizia ser muito cheio de gente.

— Pois é! Na realidade, eu confesso que estava enganada. Aquele é um lugar muito bonito, e até gostei bastante de ter ido — explicou Tamara.

Neste instante, Amanda se calou e ficou pensativa. Lembrava-se de que houvera no passado algumas tentativas suas de levar a amiga ao local, mas ela sempre se negava. Não demorou a perceber que a mudança de Tamara tinha a ver com aquela garota, Jéssica. Não que sentisse ciúmes pelo fato de a amiga fazer novas amizades, mas sabia que, por Tamara ser alguém que sempre ficara sozinha e sem amigos, aquela estranha amizade no fundo mexia com ela. Uma menina que sempre era evitada e considerada estranha pela maioria de repente tinha uma das garotas mais bonitas da classe aparentemente interessada em ser sua amiga. Para Amanda, aquilo parecia muito estranho.

Quando chegou o intervalo, como de costume, Amanda esperou a amiga ao lado do ipê-roxo, onde sempre se encontravam no pátio, para mergulharem no Vale dos Sonhos. Porém, após alguns minutos, estranhamente Tamara não havia ainda aparecido. "Que estranho!", pensou ela. "Será que aconteceu algo com Tamara? Mas ela estava na sala e não me disse nada em relação a não poder vir..."

Ainda com esperanças de a amiga ir encontrá-la, Amanda decidiu sentar e aguardar, pois sabia o quanto a amiga gostava daquele momento e esperava ansiosa por aquela oportunidade de realizarem suas fantasias no mundo imaginário que haviam criado. Mas naquele dia foi diferente. Os minutos passaram, o intervalo terminou e, para a surpresa de Amanda, a amiga de fato não apareceu.

Quando voltou à sala de aula, teve outra grande surpresa: Tamara havia permanecido todo o intervalo conversando com Jéssica, que havia ido à sala de aula delas para falar com Tamara. As duas seguiam sorrindo e cochichando uma ao ouvido da outra, como se ambas fossem amigas de longa data. Assim que as viu, Amanda logo se entristeceu com a cena, pois desde que haviam criado o Vale dos Sonhos Tamara sempre fora a primeira a correr para o pátio a fim de poderem entrar naquele mundo fantástico. Não via o momento de esquecer aquela vida onde ninguém conversava com ela e todos a isolavam, para poder entrar naquele local onde podia tornar-se aquilo que quisesse.

Quando a professora entrou na sala e ordenou que todos retornassem aos seus lugares, Tamara, que estava no fundo, voltou ao seu lugar à frente de Amanda.

— O que houve? Eu fiquei esperando você... — questionou Amanda.

— Desculpe. Quando deu o intervalo, eu estava saindo da sala, mas a Jéssica veio aqui e me chamou. Daí acabei perdendo a noção do tempo. Perdoe-me, amiga, não fiz por mal — explicou Tamara.

Como Amanda gostava muito da amiga e não se sentia à vontade em ficar cobrando-a, decidiu aceitar as desculpas, imaginando que aquilo não se repetiria sem que ela ao menos a avisasse. Contudo, para sua surpresa, e principalmente tristeza, a amiga repetiu aquilo no dia seguinte, no próximo e no outro também. Permaneceu praticamente todos os dias, durante o intervalo, sentada no fundo da sala, conversando com a nova amiga Jéssica.

Quem também ficou bastante surpreso por não ver Tamara nos intervalos foi Felipe. Percebeu que todos os dias Amanda havia ficado sozinha embaixo do ipê. Achou estranho e imaginou que a amiga havia passado a semana em casa por talvez estar doente. Na sexta-feira, quando ele viu novamente Amanda sozinha, decidiu ir até a garota e perguntar se havia acontecido algo com a amiga.

— Oi, Amanda, por que você está sozinha? A Tamara está doente? Praticamente não a vi nenhum dia desta semana durante os intervalos — estranhou.

— Não, até onde eu sei, ela não está doente — respondeu Amanda, emburrada.

— Ué! Mas onde ela está, então? — quis saber ele.

— Ela está lá na sala. Ficou lá a semana toda.

— Puxa, mas por quê? Está de castigo, por acaso? — imaginou Felipe.

— Não, ela está lá porque quer. Agora não sabe fazer outra coisa senão ficar de conversinha com aquela tal de Jéssica.

"De novo essa garota...", pensou ele, e perguntou:

— Mas ela nunca deixa de vir aqui ficar com você. Como é mesmo o nome daquele lugar de sonhos que criaram?

— Vale dos Sonhos — respondeu Amanda, cabisbaixa.

"Mas o que será que essa Jéssica está tramando?", pensou ele, e a indagou:

— Nossa, nem está parecendo a Tamara que conhecemos. Por acaso você tem conversado com ela para saber por que tem agido assim?

— Ah... ela diz que não faz por mal e que, quando se dá conta, a hora já passou. Mas isso pode acontecer um ou dois dias, não todos os dias, como tem acontecido — reclamou Amanda.

— É verdade. Tem alguma coisa aí. Nós dois sabemos muito bem que a Tamara nunca foi de ficar conversando muito com quem ela não conhece. Com certeza tem algo de muito estranho aí e precisamos descobrir o que é — concluiu Felipe.

Quando chegou o final de semana, preocupado que Jéssica pudesse estar tramando algo, Felipe foi bem cedo à casa de Tamara. Porém, para sua surpresa, mais uma vez a amiga já havia saído com Jéssica. Elas haviam se dirigido novamente ao lago. Ele então decidiu ir até o local para vigiá-las e tentar descobrir sobre o que tanto conversavam.

Ao chegar ao local, não demorou para que ele avistasse sua amiga Tamara sentada ao lado de Jéssica, quase às margens do lago. Tomando bastante cuidado para não ser visto, Felipe procurou aproximar-se o máximo que pôde para ouvir a conversa. Atrás de uma árvore, a poucos metros das garotas, passou a ouvi-las:

— Puxa, Jéssica, está sendo tão divertido vir até aqui com você — comentou Tamara.

— É verdade, amiga. Não sei por que não vínhamos juntas. Para ser sincera, eu já havia pensado em convidá-la para vir quando não nos falávamos, mas, por você sempre ficar "na sua" e com aquela sua amiga, preferi não me intrometer — explicou Jéssica.

— Ah, você deveria ter arriscado. Para ser bem sincera, eu nunca fui muito de sair ou ter muitas amizades. As pessoas não compreendem quando digo que gosto de me imaginar em um mundo de sonhos. A Amanda é a única que me compreende — lamentou Tamara.

— Se você quer saber, eu não ligo, sabe? Por mim cada um pode fazer aquilo que sente vontade. Não é mesmo muito comum ver alguém assim, agindo como vocês quando estão nesse mundo de fantasias, correndo e gesticulando de olhos fechados — lembrou Jéssica.

— Sim, eu sei. Mas eu gosto de ser assim. Se as pessoas pudessem entender como é fantástico não ficar sempre se prendendo a este mundo tão materialista, acho que todos seriam muito mais felizes. Não que eu não goste de estar junto das pessoas que amo, conversando ou desfrutando de sua companhia, ou queira fugir das responsabilidades; é que tudo seria tão mais fácil se às vezes pudéssemos esquecer por alguns instantes os problemas e as dificuldades que criamos e simplesmente libertar a imaginação, como fazem as crianças. Sabe? Poder voar como os pássaros por entre as nuvens em um belo entardecer, ou mergulhar como os peixes na imensidão azul dos oceanos, ou apenas flutuar por entre as estrelas, admirando cada uma das constelações. O mundo seria tão mais colorido e divertido!

— Nós não percebemos — continuou Tamara. — Mas somos nós mesmos que criamos os problemas à medida que vamos amadurecendo, transformando muitas vezes algo que é tão simples em uma verdadeira dificuldade. Esquecemos o quanto a vida se assemelha a uma folha em branco, quando somos nós mesmos que decidimos as curvas e os tons de cores que a cada dia traçamos. Às vezes, para podermos encontrar a força necessária para enfrentar e superar os obstáculos que criamos, necessitamos apenas voltar os olhos para dentro de nós mesmos e procurar enxergar a vida unicamente como uma criança a vê, com os olhos da pureza e da simplicidade.

— Quer saber? É um pensamento muito legal o seu, Tamara. Ver a vida com os olhos de uma criança.

— Acho que só a Amanda para me entender mesmo — sorriu Tamara. — Só não entendo o porquê de você preferir evitar conversar com ela. Ela é uma garota tão legal; você deveria dar-lhe uma chance.

— Eu já lhe expliquei. O pai dessa sua amiga teve, uns tempos atrás, problemas com meu pai. E, como lá em casa ele sempre falou desse moço, eu prefiro evitar. Para ser sincera, se eu fosse você, começaria a prestar mais atenção a essa família.

— Puxa, mas por quê? — espantou-se Tamara.

— Ah, se eles tiveram problemas com a minha família, não duvido nada de que também podem ter com a sua. Como sou sua amiga, só estou avisando — advertiu Jéssica.

Ouvindo tudo o que elas conversavam, Felipe começou a ficar preocupado. Ele sabia muito bem o quanto os pais de

Amanda eram pessoas simples e humildes, e que o pai dela tinha problemas com bebida. Se havia acontecido algo entre eles e a família de Jéssica, deveria ter sido pela falta de simplicidade do pai da própria garota, o diretor Rui.

— Mas enfim, amiga, tem outra coisa que eu queria lhe falar, sabe? — continuou Jéssica. — Outro dia eu vi que você estava olhando para um garoto lá do colégio. Acho que é Felipe o nome dele.

— É! Conheço-o há alguns anos. Mas ultimamente a gente não tem conversado muito, infelizmente — lamentou Tamara.

— Pois é. Mas você tem feito muito bem mesmo em não ficar muito perto dele lá no colégio, viu? — comentou Jéssica.

— Nossa, mas por quê? O Felipe é um menino tão bom.

— Bem, eu não queria falar nada, sabe? Mas é que tem uma garota no colégio que está interessada nele. E parece que eles estão se envolvendo. Só sei que ela é uma pessoa muito ciumenta e não seria legal ela ver você junto com ele ou olhando para ele — explicou Jéssica.

— Puxa, mas o Felipe é meu amigo e eu gosto dele. Por que ele não me contou nada a respeito dela? Mas quem é essa garota que está interessada nele? — quis saber Tamara.

— Bem, é... — Jéssica tentou pensar rapidamente em um nome. — Acho que você não a conhece, sabe? — respondeu.

— Mas... — tentou falar Tamara, porém foi logo interrompida pela garota.

— O melhor mesmo é você evitar ficar perto desse garoto, sabe? Mesmo que vocês sejam amigos. Vai que a menina que está se envolvendo com ele pense mal dessa sua amizade, daí acaba sobrando para você. Nunca se sabe; é melhor evitar.

Ouvindo tudo, Felipe ficou boquiaberto e não conseguia acreditar no que tinha escutado, pois compreendeu que na realidade Jéssica havia se aproximado de Tamara somente para fazer com que a garota evitasse ter amizade com ele e Amanda.

— Bem que eu tinha imaginado haver algo de muito estranho por trás dessa amizade. Preciso urgentemente contar isto para a Amanda — sussurrou Felipe, deixando o local com rapidez.

5

Após ouvir toda a conversa entre Tamara e Jéssica, Felipe correu para a casa de Amanda para lhe contar o que havia descoberto. Mas, ao chegar ao local, acabou vendo a garota saindo de carro com a mãe.

— Droga! — disse ele, ofegante. — Puxa vida, isto é hora de você sair, Amanda? O que eu faço agora? — indagou-se.

Sem alternativa e consciente de que não poderia ficar ali esperando a garota voltar para lhe contar o que descobrira, ele decidiu ir para casa. Tentaria conversar com ela no dia seguinte, após a missa.

Criado na religião católica, assim como Tamara e Amanda, Felipe acompanhava, desde pequeno, sua mãe aos cultos de domingo, pois aquele era um momento na semana muito importante e que lhes trazia paz e harmonia, principalmente desde que seu pai deixara de estar com eles.

Sem conseguir dormir praticamente a noite inteira depois de tudo o que descobrira, na manhã do dia seguinte, Felipe surgiu na cozinha com olheiras, sendo logo indagado por sua mãe:

— Nossa, mas que cara é esta?

Sonolento, Felipe deu alguns tapinhas no rosto e inventou, ainda bocejando:

— Foram os mosquitos que não me deixaram dormir direito.

— Puxa, coitado. Mas que estranho, porque não me lembro de nenhum ter me incomodado. Bem, mas vai... toma seu café, porque já estamos atrasados. Você sabe bem como é chato chegar quando a missa já se iniciou.

A igreja que eles frequentavam era a de São Pedro, que ficava a cerca de cinco quadras de sua residência. Havia dois horários de missa, sendo uma no período da manhã e outra ao fim da tarde. Geralmente, eles compareciam à da manhã, por ser também a que concentrava o maior número de jovens.

Catequizado mais por influência da mãe do que por vontade própria, no início Felipe achava chato ter de ir às missas todos os domingos. Porém, ao perceber o grande número de jovens que também tinham aquele costume, acabou se interessando, e até sentia falta quando por algum motivo deixava de ir. Logo ele passou a compreender que durante as missas algo lhe ocorria. Não sabia explicar, mas, sempre que se sentia triste ou chateado com alguma coisa, bastava ir à missa para que tudo ficasse bem. Era como se as más sensações que tinha, como raiva ou tristeza — por mais que parecesse fazer todo o sentido do mundo mantê-las —, quando entrava lá e ouvia o padre naquele ambiente tão calmo, simplesmente desaparecessem.

Felipe não sabia, mas era justamente durante as missas que o espírito de sua bisavó, que havia falecido quando ele ainda era bem pequeno, mais podia fazer sua presença ser sentida. Apesar de nem todos acreditarem e perceberem que a vida continua depois que deixamos o nosso corpo físico, todos aqueles que partem antes de nós, quando possuem ou desenvolvem condições, sempre retornam para nos envolver com o carinho que possuíam e que jamais deixaram de possuir. Assim como para nós a saudade permanece, para estes o desejo de estarem conosco também existe. Porém, uma vez que já não estão mais presos a um corpo e conseguem compreender a real sutileza e importância dos sentimentos verdadeiramente puros, tudo se transforma.

Então era por isso que Felipe sentia-se tão bem quando estava na igreja. Era naquele ambiente de paz que os chamados "espíritos" realmente conseguiam se aproximar das pessoas. Não que fora desse ambiente as pessoas ficassem sozinhas, de maneira nenhuma. Aqueles que nos querem bem e velam por nós sempre estão presentes em nossa vida, pois que para eles o simples ato de pensar já é suficiente para estarem presentes junto aos seus.

Ocorre que, quando estamos realizando as tarefas do dia a dia, acabamos não permitindo que essas presenças sejam tão perceptíveis quanto poderiam ou deveriam ser. Se nos permitíssemos sentir esse contato intimamente, compreenderíamos o quanto as coisas são mais simples do que parecem. Empenharíamo-nos em dar muito mais importância a assuntos que acabamos deixando passar despercebidos e nos focaríamos nas oportunidades que surgem a cada dia — oportunidades de fazer cada momento valer a pena.

Acompanhando então sua mãe, Felipe, após tomar café e lavar o rosto para tentar amenizar a aparência de cansaço, dirigiu-se à igreja. No caminho, questionava-se se deveria, ou não, dizer algo a Amanda se por acaso a encontrasse. "E agora? Digo a Amanda tudo o que escutei, ou não? Mas e se por acaso eu estiver me precipitando e não for bem como entendi? Além do mais, nós estaremos na igreja, e lá não é lugar de ficar conversando... Mas e se eu falar baixinho? Melhor não. Este assunto é muito delicado... Mas e se eu não falar nada e as coisas piorarem? Ai, e agora, o que eu faço?"

Percebendo que o filho parecia um pouco agitado e apreensivo, sua mãe quis saber o que estava acontecendo.

— Você está bem, Fê? Não sei, mas parece que tem algo o incomodando.

— Ahn... Incomodado... eu? Que nada, mãe, é impressão sua, está tudo bem.

"Puxa, será que está tão assim na minha cara que aconteceu algo? Preciso tentar ficar calmo e acreditar que tudo ficará bem. Afinal, que mal teria se aquela garota estivesse mesmo tentando fazer a Tamara ficar longe de mim?", pensou ele. "Conheço a Tamara e sei que ela não faria isso. Não iria me deixar de lado só porque uma garota andou inventando coisas. Apesar de que a Tamara e a Amanda também são muito amigas, e mesmo assim ela tem se afastado dela. Ah, não, se eu não fizer algo, com certeza ela também vai conseguir afastá-la de mim. Já é um sacrifício ficar longe dela na escola, só faltava agora também não vê-la em momento algum. Isso eu não posso deixar que aconteça. Quer saber? Vou falar agora com a Amanda para tentarmos decidir o que fazer com essa Jéssica. Amanda nunca deixa de vir à missa, assim já resolveremos isto agora cedo. O padre que me desculpe, sei que a missa não é local para conversas paralelas, mas não vou ficar segurando o que ouvi só para mim", decidiu em pensamento.

Chegando à igreja, Felipe espantou-se com a quantidade de pessoas que estavam ali. Geralmente sobravam muitos lugares dispersos para se sentar, mas naquele dia, além de terem chegado alguns minutos atrasados, parecia que todo mundo tinha comparecido à missa. Após procurarem algum lugar vazio, conseguiram enfim se sentar. Porém, não era o local onde Felipe e a mãe costumavam ficar, e aquilo preocupou o rapaz.

— Puxa, hoje é algum dia especial e eu não estou sabendo? Não me recordo de ver tanta gente assim em um dia comum. Só porque hoje eu preciso falar com a Amanda... — murmurou.

Sentado praticamente no extremo oposto de onde costumavam se sentar, Felipe procurava esticar o pescoço para ver se encontrava Amanda. Contudo, com a igreja praticamente cheia, percebeu que aquilo não seria nada fácil. Então, enquanto o padre falava, o rapaz contorcia-se no banco, tentando encontrar a garota.

— Pare de se mexer, Felipe. Estão todos olhando para você — ordenou sua mãe.

Sem graça, o rapaz bem que tentou controlar-se, mas sua apreensão em falar com a garota era maior. Passados alguns poucos minutos, lá estava ele, quase de pé no banco, procurando Amanda.

— Meu Deus, Felipe. Por acaso você está procurando alguém? — sussurrou sua mãe.

— Desculpe, mãe; é que, como a gente sempre senta perto da Tamara e da Amanda, eu queria ver se elas vieram hoje.

— Ah, tá. Mas, filho, com a igreja cheia deste jeito, você não vai conseguir encontrá-las. Melhor se acalmar aí e prestar atenção à missa. Depois você conversa com suas amigas; paciência — solicitou sua mãe.

Percebendo que a mãe estava certa, Felipe acabou não vendo outra alternativa senão acatar o pedido e esperar pelo fim da missa. Porém, passados alguns instantes, o rapaz avistou, próximo ao altar, alguém com os cabelos idênticos aos de Amanda. "É ela; finalmente a encontrei. Eu sabia que ela viria. Agora só preciso dar um jeito de ir até ela", pensou.

Enquanto todos seguiam prestando atenção à missa e realizando os cânticos, o rapaz procurava encontrar uma forma de ir até a garota sem chamar atenção. Logo se lembrou do momento destinado às confraternizações durante a liturgia eucarística. "Sim, é isto. Irei aproveitar que é um momento mais descontraído, em que alguns acabam até saindo de seus lugares para cumprimentar os outros, e vou até lá", decidiu em pensamento, sorridente.

Rapidamente, Felipe pegou o folheto litúrgico com a sequência da missa das mãos da mãe e constatou que não faltava muito. Já um pouco mais calmo, finalmente pôde acompanhar o culto e prestar atenção à missa.

A passagem que estava sendo abordada pelo padre Odílio era sobre o ensinamento em que Jesus disse: "Está escrito: nem só de pão viverá o homem, mas de toda palavra que procede da boca de Deus", do Novo Testamento, Mateus, capítulo 4, versículo 4.

Prestando atenção às palavras do padre, Felipe começou a perceber o quanto as pessoas, mesmo nos dias atuais, com tanta informação e de certa forma procurando viver pacificamente, ainda estavam tão distantes dos valiosos ensinamentos que há tantos séculos tinham sido passados à humanidade. Meditando, ele constatou o quanto o mundo havia mudado e melhorado. As pessoas já não mais guerreavam em busca de territórios, e a preocupação em respeitar o próximo, mesmo com todas as diferenças relacionadas a crenças ou costumes, sobrepunha-se de maneira a evitar qualquer tipo de embate.

Pensava ele que o mundo enfim começara a compreender o quanto é fundamental e importante respeitar as diferenças existentes entre os povos, porém esse respeito estendia-se somente até o ponto onde se delimitavam os territórios que os separavam; que existiam ainda algumas exceções, mas as pessoas em si, cercadas por suas muralhas cada vez mais altas e imponentes, tinham se condicionado a buscar, principalmente, recursos para a própria subsistência. Haviam se esquecido de que ninguém podia se esconder por tempo indeterminado em um castelo, contente por ter adquirido recursos físicos para se manter, de forma a garantir o próprio sossego e não mais depender do contato com o próximo.

O homem ainda luta contra sua própria natureza, que alguns erroneamente chamam de natureza animal. A natureza do homem é espiritual. O chamado "homem" nada mais é que um rápido meio utilizado pela fonte da existência, o espírito, e é esse lado espiritual que todos deveriam focar, e não o lado orgânico e material — esse lado material que, infelizmente, tanto se enaltece e parece nunca estar satisfeito com os recursos que possui diante de si, muitas vezes atrapalhando o homem e atrasando o seu real progresso moral e espiritual.

Quão valiosa é a satisfação de se ter um teto, roupas ou comida farta? Quem disse que, estando amparada por todos esses recursos, a criatura humana é inteiramente feliz? Tudo aquilo que se tem no agora é curto e passageiro, pois os verdadeiros valores não estão em se precaver com recursos físicos, mas sim com recursos espirituais. É dever do homem, enquanto filho de Deus, estender as mãos em auxílio dos seus irmãos, pois seu sucesso não se limita apenas a ele ou àqueles de seu mais íntimo convívio. Ele depende, sim, de si próprio, mas também, e fundamentalmente, do avanço do próximo.

O homem aprendeu a importante necessidade de se ter o alimento material, mas esqueceu-se do fundamental, que é algo muito além das limitações de um corpo provisório; algo que ele traz intimamente e que, quando é permitido, tenta demonstrar com toda a sua magnitude: a centelha divina que cada um carrega em si. É ela que age diretamente sobre o homem, dando-lhe condições para que a razão se manifeste.

Pois bem, basta de reprimir algo que deseja se libertar. É sabido que nada retrocede e que tudo avança, e este é o momento de realmente nos permitirmos colocar em prática tudo aquilo que Deus já havia nos ensinado e que seu filho, Jesus Cristo, também nos ensinou. Será somente dessa forma que o mundo poderá caminhar de maneira a emergir por completo do insistente lamaçal em que se condicionou a estar: compreendendo, seguindo e, sobretudo, colocando em prática essas lições.

Logo, tendo chegado o momento das confraternizações na missa, Felipe, após dar um rápido beijo em sua mãe, saiu em disparada na direção de onde acreditava ter visto Amanda. Se as pessoas não estivessem com o pensamento voltado para o ato tão belo dos cumprimentos e se concentrassem no rapaz, achariam estranho alguém passar por entre os bancos e as pessoas da forma como ele o fez. Por instantes, Felipe pareceu esquecer-se de onde se encontrava e, não fossem algumas pessoas saindo também de seus lugares para cumprimentar aqueles que estavam nos bancos ao lado, entrando assim no caminho do rapaz, este simplesmente teria corrido.

Felipe estava com muita pressa, e sua ansiedade para falar logo com Amanda não lhe deu tempo para medir seus atos. Após esbarrar em algumas pessoas no caminho, o rapaz enfim chegou ao local onde a avistara. Era só desviar de mais uma senhora e já poderia ver a garota. Porém, assim que ele parou diante da senhora, esta, ao vê-lo a sua frente, inocentemente lhe estendeu a mão para lhe desejar a "Paz de Cristo". Encabulado, o rapaz, mesmo com pressa, não conseguiu esnobar o carinhoso sorriso e a mão estendida da senhora, e acabou retribuindo.

Sabendo que não poderia demorar-se, pois logo cessariam os cumprimentos, e o padre retomaria a palavra, Felipe tinha na ponta da língua tudo o que iria dizer à garota, procurando ser o mais claro e direto possível. Então, assim que a senhora soltou sua mão e ele viu a garota de costas, rapidamente segurou seu braço e começou a cochichar em seu ouvido:

— Eu preciso que me escute, pois isto é muito urgente — iniciou Felipe. — Ontem eu segui a Jéssica, e você não faz ideia do que acabei descobrindo... — e logo foi interrompido pela garota:

— Quem é Jéssica? — disse ela, virando-se.

Assim que Felipe pôde vê-la de frente, para seu desespero, constatou que aquela não era Amanda, mas apenas uma garota que tinha os cabelos muito parecidos com os dela. "Ai, caramba!", pensou ele, arregalando os olhos.

6

— Puxa vida, eu gostaria tanto de ter ido hoje à missa — lamentou Amanda.

— Eu sei, filha, mas você ouviu bem o que o médico lhe disse ontem: que precisa descansar e que não pode ficar abusando. Afinal, não vai querer que esta gripe acabe piorando, não é? Talvez as coisas não tivessem chegado a este ponto se tivesse me dito há dois dias, quando começou a ter os sintomas — lembrou sua mãe, a senhora Roseli.

— Sim, eu sei, mãe. Mas é que não imaginava que seria algo mais sério, e também é muito chato ficar em casa.

— Eu sei, minha filha, mas lembre-se de que o próprio doutor disse que, pelo tempo de manifestação e pelos seus sintomas, talvez ainda esteja transmitindo gripe e é melhor ficar de repouso em casa. Por que não aproveita e liga para sua amiguinha Tamara, para conversar com ela por telefone? Vocês sempre adoram ficar penduradas no telefone quando não podem se encontrar.

— Não estou com vontade — respondeu secamente Amanda.

— Ih, o que foi? Por acaso vocês duas brigaram, é?

Percebendo o silêncio da garota, a mãe prosseguiu:

— Não fique assim, minha filha. Você e a Tamara se conhecem há tanto tempo! Todas as amizades sempre têm algumas briguinhas de vez em quando. Além do mais, tenho certeza de que, se aconteceu algo, logo vocês esquecem e já estão fazendo as pazes.

"Será mesmo?", pensou Amanda.

Já na casa de Tamara, esta também se lamentava por não ter podido ir à missa.

— Ai, é tão chato deixar de ir à missa.

— Mas também, quem mandou passar quase a noite toda fofocando com a nova amiguinha e depois ir dormir tão tarde? — provocou seu irmão Fabrício.

— Ai, fique quieto, seu chato.

— Mas seu irmão tem um pouco de razão, minha filha. Você não deveria ir dormir tão tarde. Só nesta semana, que eu vi, foram praticamente três dias.

— Ah, mãe, me desculpe. Não foi intencional.

— Eu sei, filha. Mas não faça disso uma rotina, está bem? Imagino o quanto é interessante estar fazendo novas amizades e não vejo problema algum. Porém, não se esqueça de que jamais devemos mudar quem de fato somos, ainda mais por causa dos outros, seja para agradá-los ou simplesmente acompanhá-los. Se for para haver mudanças, que sejam sempre para melhor, está bom?

Após concordar com a mãe, Tamara, sem realmente mensurar suas palavras, imaginou se continuava sendo a mesma pessoa. Apesar das mudanças dos últimos dias, não considerava que aquilo pudesse estar atrapalhando sua vida, muito menos que estivesse mudando algo só para agradar a nova amiga Jéssica. Considerava que era apenas um pequeno período de adaptação de algo que ainda era muito novo para ela. Por isso, imaginou que os conselhos não se encaixavam a sua nova realidade. Pensava somente ter conhecido alguém que achava interessante e que gostava de estar com ela.

Porém, a recíproca não era verdadeira. Ao contrário de Tamara, que havia sido sincera com a nova amiga, imaginando que esta estivesse mesmo interessada em sua amizade, Jéssica queria apenas afastar a garota de Felipe; queria que aquela garota saísse do caminho para enfim poder ter toda a atenção dele voltada somente para si.

"Ai, eu não aguento mais ter de ficar me fazendo de amiga daquela Tamara. Que menina mais sem graça, que vive falando de sonhos! Para ela, tudo é um grande faz de conta. Às vezes me sinto como se conversasse com uma criança de dez anos de idade", reclamava Jéssica em pensamento. "Bom, pelo menos parece que meus planos estão saindo como planejado e em breve terei o Felipe apenas para mim", pensou, dando uma satisfeita gargalhada.

Na igreja, Felipe, ainda frustrado por a garota com quem tinha falado não ser Amanda, retornou para junto de sua mãe, inconformado por a amiga não ter comparecido à missa.

— O que foi, meu filho? — indagou a mãe de Felipe, vendo-o retornar ao seu lugar com o semblante desanimado.

— Ah, não foi nada, mãe, apenas me confundi. Achei que tivesse visto a Amanda lá na frente — lamentou-se ele.

— Não fique assim; sua amiga deve ter tido algum problema, mas tenho certeza de que à próxima missa ela virá — confortou-lhe a mãe.

Ao término da missa, ainda preocupado com tudo o que descobrira sobre Jéssica, Felipe decidiu seguir à casa de Amanda e descobrir por que a amiga não comparecera.

— Oi, senhora Roseli, a Amanda está em casa? — questionou o garoto à porta.

— Oi, Felipe! Ela está, sim, mas está gripada.

— Puxa, que chato. Mas será que eu posso conversar com ela?

— Infelizmente ela não poderá sair de casa hoje. O doutor recomendou reclusão de pelo menos dois dias para não corrermos o risco de transmissão.

— O quê? Dois dias? — espantou-se ele.

— Pois é, não podemos abusar. Lamento. Mas, se quiser deixar algum recado, eu digo a ela — sugeriu a senhora Roseli.

Pensando em como seria chato explicar toda a situação à mãe de Amanda sobre o que descobrira a respeito de Jéssica,

Felipe acabou decidindo não envolver a mãe da amiga no assunto e apenas se despediu.

— Ah, não precisa se preocupar, senhora. Eu falo com a Amanda depois, então.

No caminho de casa, Felipe se lamentava. Enfim havia descoberto os reais planos de Jéssica, mas não podia contar a ninguém. "E se eu fosse conversar direto com a Tamara?", imaginou ele. "Não sei. Como vou contar a ela que a garota com quem ela tem se envolvido na realidade é uma falsa e mentirosa? Isso a deixaria muito triste. Além do mais, teria de dizer que as espionei, e isso não soaria legal. Por mais que eu não goste, infelizmente vou ter de esperar a Amanda se recuperar e torcer para que as coisas não piorem."

O que Felipe não imaginava era que o pior ainda estava por vir. Naquela mesma noite, Jéssica pretendia dormir na casa de Tamara e colocar de vez um ponto-final na relação dela com Felipe.

— Puxa, que bom que sua mãe me deixou passar a tarde novamente em sua casa, amiga — sorriu Jéssica.

— É verdade, amiga. Estes últimos dias têm sido muito divertidos com você — agradeceu Tamara.

— Ora, o que é isso? Eu que digo o quanto tem sido maravilhoso para mim poder estar com você, amiga. Se eu soubesse o quanto me divertiria com você, teria tentado conhecê-la antes — disse Jéssica falsamente, segurando as mãos da menina.

A tarde seguiu e, após um filme com pipoca e muitas gargalhadas, Jéssica sentiu que enfim era o momento de colocar em prática seus planos para fazer a garota se afastar de vez de Felipe.

— Amiga, me conta, você e aquele tal de Felipe são muito amigos? — questionou Jéssica.

— Sim, nos conhecemos há bastante tempo. Ele foi o primeiro amigo que fiz quando me mudei para São Paulo. Eu gosto bastante dele e somos grandes amigos.

— Hum... — reagiu Jéssica, fazendo cara de desconfiança.

Percebendo as feições e o silêncio de Jéssica, Tamara não entendeu aquela reação e questionou à amiga:

— Por quê? Tem algo de errado, amiga?

— Bem, eu não queria falar. Melhor deixar para lá, se você diz que são grandes amigos. Eu não gosto de fofocas, sabe? — comentou Jéssica, já esperando que a garota a indagasse a respeito.

— Puxa, aconteceu algo com o Fê? Então me conta, Jéssica. Se tiver algo, eu quero muito saber — praticamente implorou Tamara.

— Bom, está bem. Mas talvez você não goste do que vou lhe contar... Enquanto eu estava lá na escola, vi seu amigo beijando aquela garota de que ele está gostando.

— Sério? Mas por que ele não me contou que o relacionamento deles era sério? A gente sempre contou tudo um para o outro — lamentou-se Tamara.

— Bem, eu sei o motivo, amiga. Mas acho que é melhor você não saber — comentou Jéssica maliciosamente.

— Não, por favor, eu quero saber. Qual foi o motivo?

— Sem querer eu estava sentada perto deles enquanto se beijavam e se acariciavam, e ouvi a garota perguntar a ele se o relacionamento deles era tão importante para ele quanto era para ela. Ela quis saber quem realmente era você. Disse que via vocês dois conversando algumas vezes no colégio e queria entender... — iniciou Jéssica. — Mas o pior você não sabe, amiga. Ele respondeu que no fundo conversava com você por dó. Disse que agia como seu amigo apenas por compaixão, mas que no fundo não aguentava mais manter a amizade com alguém que agia feito uma retardada; que, se pudesse voltar atrás, nunca a teria conhecido, pois você só o fazia passar vergonha entre os amigos dele — completou a menina, satisfeita por ver que a reação de Tamara foi ainda melhor do que ela imaginava.

Tamara, ouvindo o que Jéssica lhe contava, não segurou as lágrimas e começou a chorar. Não compreendia como o amigo podia ter dito tudo aquilo, uma vez que a amizade deles parecia tão real. A menina sentiu o chão se abrir sob seus pés, pois para ela Felipe era muito mais que um grande amigo; ele era um verdadeiro irmão.

— Deve haver algo de errado, amiga. Eu conheço bem o Fê, nós somos amigos. Preciso falar com ele — disse Tamara, tentando conter as lágrimas.

— É melhor não, amiga. Confie em mim, ele disse exatamente isto que eu lhe contei. Se fosse você, não iria querer arrumar confusão com aquela garota. Ouvi dizer que ela, além de ser muito ciumenta, bateu em uma menina apenas porque ela conversou com ele — inventou Jéssica.

Em pensamento, Jéssica não se continha de felicidade. Queria sorrir, dar pulos de alegria por ver suas mentiras e seu plano sair como esperado, mas conteve-se e, mantendo a falsidade, ofereceu o ombro para a amiga chorar, o que esta prontamente aceitou, completamente desolada. O caminho enfim começava a ficar livre para ela e Felipe. Bastava agora apenas colocar em prática suas ameaças ao garoto, o que faria já no dia seguinte.

Sem imaginar tudo o que estava acontecendo, Felipe, deitado em sua cama, olhava as estrelas pela janela, enquanto relembrava o que tinha ouvido de Jéssica no lago. Não se conformava com aquela falsidade nem com que a garota estava disposta a fazer apenas para afastar Tamara de perto dele. Caindo no sono, o garoto foi então mergulhando em perturbador pesadelo.

Viu-se casado e barrigudo, morando em uma casa repleta de móveis chamativos e exóticos, além de uma decoração tão vulgar que lhe dava enjoo apenas de olhar. Sentado em uma poltrona, viu-se rodeado por um monte de filhos, mal-educados, chorando desesperados e cada um com mais problemas que o outro. Com as mãos nos ouvidos, viu surgir na sala, chamando-o de marido, alguém que ele jamais imaginaria ver. Era Jéssica, que vestia uma estola e um vestido de cor laranja, parecendo se dirigir a um encontro. Dizia-lhe que tinha pego o dinheiro dele da carteira e que voltaria bem tarde; que era para ele preparar o jantar dos filhos e colocá-los para deitar.

Então, sozinho na sala e com toda aquela barulheira das crianças e todo aquele ambiente que lhe perturbava o raciocínio, sentia como se estivesse em um verdadeiro hospício. Quis gritar, mas a voz não saía; tentou abrir a porta e sair correndo, mas a porta não abria. E, ao olhar para trás, viu os seis filhos se transformarem em verdadeiras criaturas horrendas, babando de fome e seguindo na direção dele. Desesperado, Felipe batia na porta pedindo socorro e implorando que o ajudassem.

Foi quando, com toda aquela gritaria, sua mãe entrou no quarto e tratou logo de acordá-lo.

— O que foi, Felipe? — perguntou ela ao lado da cama, toda preocupada.

— Onde estou? Tire eles de cima de mim — disse ele, ainda sem compreender que aquilo não tinha passado de um sonho.

— Calma, meu filho, está tudo bem. Você teve apenas um pesadelo — confortou-lhe a mãe, abraçando-o.

Com a respiração ofegante, Felipe percebeu o quanto toda aquela situação o estava perturbando. Decidiu que já no dia seguinte conversaria com Tamara. Não importava se teria de lhe contar toda a verdade e dizer-lhe que a havia espionado. Considerava que o importante era evitar que toda aquela confusão e as mentiras de Jéssica não piorassem ainda mais a situação.

Porém, como Jéssica não costumava fazer nada de graça, Felipe não fazia ideia de que a mentira que ela havia contado a seu pai para livrar o garoto da situação no colégio logo seria cobrada, e tal cobrança fazia parte de seus planos para acabar com a amizade entre ele e Tamara. A garota já tinha tudo planejado e sabia exatamente como chantageá-lo.

7

No dia seguinte, apesar de ter se levantado bem cedo, antes de ir ao colégio, Felipe quase nem comeu direito de tão agitado que estava para sair o mais breve possível e conseguir resolver com urgência sua situação com Tamara — tanto que, assim que fechou a porta de casa, saiu correndo em direção ao ponto de ônibus. Em sua mente só havia uma única coisa: encontrar a amiga e então desmascarar Jéssica.

Cerca de meia hora depois, lá estava ele na porta do colégio. Sem demora, decidiu correr à sala de Tamara. Imaginava que talvez, assim como ele, a amiga também tivesse chegado mais cedo. Contudo, ao chegar à sala, teve uma grande surpresa: em vez de Tamara, acabou encontrando Jéssica. Esta já imaginava que Felipe, vendo a aproximação dela com sua amiga, não tardaria a procurá-la para descobrir o que estava acontecendo. Então, astuta, a menina tratou de se antecipar.

— Jéssica! — disse ele, assustado.

— Olá, meu querido Felipe. Bom dia, meu amor, estava esperando por você.

"Droga, agora complicou", pensou ele.

— Me esperando? Por quê? — questionou.

— Sabe o que é? Eu tenho sonhado muito com você. Tanto que, desde o incidente que tivemos, quando fomos conversar com meu pai, eu não tiro você da cabeça — disse ela, aproximando-se dele.

— Tem sonhado comigo, é? — gaguejou ele, já se lembrando do pesadelo que havia tido com ela. — E o que tem sonhado? — quis saber, preocupado.

— Ah, eu sonho com a gente junto, sabe? Você se aproximando de mim e me olhando bem no fundo dos olhos... — iniciou a garota, tocando o rosto dele e falando bem próximo ao seu ouvido. — Mas neste sonho você não tem sido uma pessoa muito legal comigo, sabe? Porque primeiro você começa me segurando pela cintura, depois chega bem perto do meu pescoço e o toca suavemente com os lábios — contou ela.

— Pego você pela cintura, é? — indagou ele, preocupado.

— Sim! E em seguida você sussurra em meu ouvido dizendo que tem pensado muito em mim. Que há tempos me observa, apenas acompanhando cada detalhe do meu corpo; cada gesto, cada curva. Que sente a respiração aumentar só de estarmos perto, assim como estamos agora. Que seu coração acelera e sente todo o seu corpo se incendiar por um profundo desejo.

— Digo tudo isso no sonho, é? — questionou ele, tentando se afastar lentamente dela, quando percebeu a parede logo atrás.

— Exatamente! Mas você sabe que sou uma garota de família, que sou uma moça séria. Porém, no sonho, você nem liga, porque não consegue mais se controlar. Sua mente não para de me desejar; você quer ter meus lábios perto dos seus, sentir todo o calor do meu corpo e a maciez da minha pele.

Engolindo seco, Felipe, encurralado entre Jéssica e a parede, foi então segurado pelo braço enquanto a garota prosseguia:

— Com o rosto colado ao meu, você me diz que por mim é capaz de fazer qualquer coisa, até mesmo deixar de lado os amigos... a amiga... apenas para viver inteiramente ao meu lado. Mas no sonho eu insisto, dizendo que sou uma garota comportada. Mas você não se importa e me segura bem firme pelo braço, dizendo que sou tudo para você; que, para ficar comigo, é capaz de abrir mão até mesmo de uma antiga amizade sua, só para provar o quanto me deseja e quer viver apenas para mim. E, com você ainda me segurando bem firme pelo braço, eu, acuada, pergunto-lhe quem é essa antiga amizade que você diz estar pronto a abandonar para ficar comigo. E então, após tocar meus lábios com os seus, você diz: Tamara.

Neste instante, completamente assustado com tudo o que acabara de ouvir, Felipe não pensou duas vezes e afastou Jéssica de perto dele.

— Você está louca. Eu jamais me afastaria de Tamara por causa de você — disse ele, exaltado.

Então, sorrindo maliciosamente, Jéssica se aproximou de novo dele e, com o dedo em seu peito, empurrou-o contra a parede.

— Hum, eu acho que sim, meu bem. Você já se esqueceu de quem é o diretor desta escola?

— O quê? Mas do que você está falando? — disse ele, sem entender aonde ela queria chegar.

— Já pensou no que o diretor faria caso descobrisse que a pobre e doce filhinha dele foi molestada e machucada por outro aluno? Será que ele iria expulsá-lo? Ou quem sabe faria pior e chamaria a polícia?

— Molestada? Machucada? Você só pode estar brincando — assustou-se Felipe.

— Eu disse a você o quanto me segurava firme pelo braço, meu querido. Mas você não ligava, queria apenas me ter somente para você — respondeu, fazendo cara de coitadinha.

Mais uma vez, Felipe se afastou de Jéssica, transtornado com o que ouvia, e decidiu sair da sala.

Neste instante, ao dar as costas para a garota, ela passou a chorar falsamente enquanto levantava a manga da blusa.

Preocupado com a cena que a garota fazia, Felipe decidiu se virar e ficou perplexo com o que viu. O braço da garota realmente possuía um grande hematoma, como se alguém o houvesse apertado com bastante força.

— Eu lhe disse que você estava me machucando, mas você não me ouviu, e cada vez apertava mais e mais o meu braço, falando aquele monte de obscenidades no meu ouvido. Como pôde? Eu, uma garota tão inocente, ser molestada e ainda por cima maltratada. O que o meu pai e diretor vai pensar disto? — chorou ela, copiosamente.

Em total estado de descrença diante do que via, Felipe não tinha palavras. "Como o braço dela pode estar machucado deste jeito?", indagava-se

Ocorria que, durante a noite, a própria Jéssica provocara aquele hematoma em seu braço, já com o intuito de chantagear o garoto junto a seu pai.

— Eu não gostaria de dizer nada a meu pai, mas você não me deixa escolhas. Tudo o que eu queria era encontrar um garoto que me respeitasse e cumprisse as promessas que faz, mas infelizmente vejo que você não é um destes. Que pena justamente agora que a gente começava a se dar tão bem, você ser expulso. Nem imagino o quanto sua família ficaria decepcionada com você — completou ela, enxugando as lágrimas.

Ainda atônito, Felipe não acreditava até onde a garota havia chegado, tudo para vê-lo longe de Tamara. Em sua cabeça, a única coisa em que conseguia pensar era nas palavras da garota: assim que ela contasse e mostrasse aquele hematoma ao pai dela, ele seria prontamente expulso. O pai dela jamais acreditaria na versão dele, de que fora ela mesma quem havia se provocado tal ferimento.

"Ai, droga. Estou nas mãos dela. Se eu não fizer o que ela manda e me afastar de Tamara, serei expulso do colégio. Isso não pode acontecer. Vou acabar perdendo o ano letivo e serei reprovado!", pensava ele, tentando encontrar uma solução. "Não terei o que fazer a não ser obedecê-la", concluiu ele.

— Tudo bem, tudo bem — diz ele, aproximando-se dela. — Não precisa contar isto ao seu pai, não é? Desculpe-me se fui grosso com você no sonho. Vamos esquecer isto. Eu lhe prometi que iria abrir mão das amizades para ficar com você, inclusive da Tamara. Então, tudo bem. Farei isso — disse ele, tentando acalmá-la.

— Você me promete? Não gostaria de ter de envolver meu pai nisto — questionou ela, ainda chorando falsamente.

— Sim, eu prometo. Para que vamos importuná-lo com isto? — concordou ele.

Enfim os planos de Jéssica haviam saído como ela tinha planejado. Conseguira fazer Tamara ficar desconsolada com o amigo, a ponto de não saber se queria vê-lo novamente, depois do que Jéssica tinha lhe contado. E também havia conseguido ter Felipe em suas mãos ao chantageá-lo com aquele hematoma que ela mesma provocara em seu braço. Por dentro, a garota gargalhava de felicidade. Bastava agora apenas saber se ambos, Felipe e Tamara, iriam realmente seguir como o esperado.

— Tamara, você não quer mesmo me contar o que houve para não ter querido ir à escola hoje? — questionava-lhe sua mãe, indo levar-lhe o almoço no quarto.

Desde a noite anterior, quando Jéssica dissera a Tamara que a amizade de Felipe com ela era apenas por dó e que no fundo ele a considerava uma garota retardada, ela praticamente não fazia outra coisa senão chorar. Sentia-se desconsolada. Tanto, que nem tinha tido vontade de ir à escola para não acabar encontrando Felipe, pois não saberia nem como iria agir.

Com o coração partido, Tamara indagava-se do porquê de a vida ser daquele jeito, com tristezas e decepções. Perguntava-se por que tudo não podia ser como nos sonhos. Queria fugir daquilo que estava sentindo e arrancar aquela dor de seu peito. Então lembrou que, quando se permitia mergulhar em seu mundo imaginário, os problemas desapareciam, sendo possível deixar para trás aquela vida cheia de deveres, obrigações e sofrimentos. Logo, decidiu enxugar as lágrimas e fazer como sempre fazia: iria para o Vale dos Sonhos.

Não tardou para que, assim que fechou os olhos, Tamara fosse transportada para seu mundo dos sonhos. Local de cores e alegrias. Queria caminhar pelos campos verdes e pôr os pés na grama macia, rodeada por muitas flores coloridas, ao som do cântico dos pássaros, enquanto sentia suavemente a calma brisa e o sol a iluminar seu rosto. Tudo o que a garota queria era esquecer os problemas; e, para ela, não havia lugar melhor do que o seu refúgio, seu querido mundo imaginário.

Contudo, Tamara havia se esquecido do que ocorria toda vez que ela ou a amiga seguiam ao Vale dos Sonhos com um forte aperto no coração. Quando os problemas existentes no mundo físico as envolviam com muita intensidade, inconscientemente, estes permaneciam ecoando na mente delas. Tamara se esqueceu de que, para que possamos externar alegria, devemos primeiro interiorizá-la. Não basta querermos que o mundo a nossa volta seja um grande mar de rosas se por dentro nos encontramos em uma verdadeira tempestade; é preciso que a luz se manifeste de dentro para fora. Naquele momento, no desolado coração de Tamara, por mais que ela tentasse sufocar o sentimento de tristeza, este seguia crescendo e aumentando cada vez mais por não ser sinceramente colocado para fora.

Então não tardou para que o sonho rapidamente se transformasse em pesadelo. De olhos fechados, deitada na grama, tentando relaxar e procurando um momento de paz, a garota não percebeu quando algo começou a acontecer em seu mundo. Os pássaros simplesmente pararam de cantar. A brisa silenciou e o sol escureceu. Sob as costas da garota, o chão de grama outrora macia deu lugar a um chão de terra coberto por dezenas de pedras e vegetação precária. O cenário do local transformou-se por completo, e a paisagem, tão florida e iluminada, agora dava lugar a um ambiente sem cor nem vida. O céu azul havia sido tomado por pesadas nuvens, e então se ouviu um violento trovão, assustando Tamara, que, ao abrir os olhos, levantou-se, inteiramente descrente com o que via. "O que houve?", questionava-se.

Levantando-se desesperada, Tamara não compreendia como seu mundo de sonhos havia se transformado naquele grande pesadelo. Procurou fechar os olhos e se concentrar, desejando que tudo voltasse ao normal, mas, ao abri-los, viu que nada mudava. O Vale dos Sonhos estava tomado por violentos trovões e encoberto por uma densa névoa que não lhe permitia enxergar nem poucos metros a sua frente. Ao longe, passou a ouvir gritos de pavor e sofrimento, acompanhados por perturbadores sons do que pareciam ser criaturas assustadoras e grotescas. "Oh, meu Deus, o que está acontecendo? Será que ainda estou no Vale dos Sonhos? Não pode ser; devo estar em outro lugar", preocupava-se.

Ocorria que, na realidade, Tamara não havia sido transportada para outro lugar, como imaginava, mas encontrava-se no mesmo mundo imaginário que havia criado. Mas, ao se transportar para aquele mundo, por estar com o coração desolado e a mente perturbada, por mais que ela procurasse o seu iluminado refúgio, este reagia conforme os íntimos sentimentos que a garota retinha, tal como acontecia algumas vezes, quando sua amiga Amanda se encontrava entristecida por causa dos conflitos em casa e o lugar parecia perder as cores. Só que agora isso ocorria de forma muito mais intensificada e de uma maneira que até então ela nunca havia visto.

Assustada com todo aquele ambiente inóspito que via e sem conseguir fazê-lo retornar ao que era, Tamara decidiu que precisava acordar. Queria sair dali e retornar ao seu quarto. Fechou bem forte os olhos e imprimiu o desejo de acordar, como sempre fazia. Contudo, daquela vez algo estava diferente, pois, ao abrir os olhos, a garota assustou-se ao verificar que nada havia acontecido. Ela ainda continuava presa naquele mundo de sonhos.

— Não entendo, por que não consigo retornar? — indagava-se.

Tentou mais uma vez. Respirou fundo, fechou os olhos e desejou com todas as suas forças retornar. Pensou em sua casa, seu quarto, sua cama quentinha e abriu os olhos. No entanto, para espanto de Tamara, nada sentia acontecer. Ao abrir os olhos, viu que ainda continuava presa naquele pesadelo.

— Isto não pode estar acontecendo — relutava ela em acreditar. — Tudo bem, é só tentar manter a calma. Nada de mal irá acontecer — dizia-se.

Porém, a garota logo se recordaria de algo que sempre ocorria quando o Vale dos Sonhos perdia as cores por causa dos sentimentos de tristeza dela ou da amiga. Surgiam, dentre as sombras, as assustadoras criaturas das quais elas não gostavam nem de se lembrar: os Sérferus. "Oh, meu Deus, eu preciso acordar, eu tenho de acordar. Vamos, Tamara, acorde, acorde!", desejava ela, desesperada, antes que algum deles aparecesse.

Foi então que, para seu espanto, viu surgir de entre as densas névoas, envolta por uma aparência escura e perturbadora que dificultava enxergar seu rosto, a temível criatura, trajando vestes totalmente negras e seguindo em sua direção. Logo o grito de Tamara ecoou por todo o vale:

— Socorrooo!

8

— Ah, mãe, eu não quero mais tomar estes remédios — reclamava Amanda, deitada em sua cama.

— Mas é para o seu próprio bem, minha filha — aconselhou a senhora Roseli.

— Não quero! Eles têm um gosto muito ruim — disse Amanda, fazendo careta e levando a mão à boca.

— Vamos lá, filha. É graças a eles que você está melhorando e já não está mais com febre. Se amanhã você acordar melhor, poderá até voltar à escola.

Sempre muito agitada, era um verdadeiro tormento para Amanda ter de ficar na cama. Assim, mesmo a contragosto, decidiu atender à mãe e continuar com a medicação.

— Viu? Não foi tão ruim assim, minha filha.

— Não foi porque não foi você quem tomou — reclamou Amanda, colocando a língua para fora e fazendo um pedido:
— Agora já posso ir brincar lá fora?

— Eu bem que gostaria de deixá-la sair, filha, mas pelo menos hoje ainda é bom você continuar de repouso. Não pode abusar; vai que você tem uma recaída... Por que não aproveita para desenhar ou ler um livro? — incentivou a senhora Roseli, deixando-a em seu quarto.

"Desenhar? Ler livro? Que coisa mais chata...", reclamou a garota em pensamento. "Já sei; acho que vou aproveitar que terei de ficar na cama e vou ao Vale dos Sonhos."

Já fazia algum tempo que ela não ia ao Vale dos Sonhos, praticamente desde que a amiga Tamara começara a se afastar dela por causa de Jéssica. "Ah, melhor não. Vai que eu encontro a Tamara por lá", pensou ela, chateada com a amiga. "Se bem que acho difícil a Tamara estar por lá, afinal, tudo o que ela faz agora é ficar para cima e para baixo com aquela amiguinha dela", lembrou, fazendo gestos com as mãos. "Mas e se ela estiver lá? O que eu digo? Estou muito brava com ela para conversarmos", decidiu a garota, virando-se de lado na cama.

Contudo, assim como para a amiga, para ela aquele lugar de sonhos também era o seu refúgio, o local para onde se transportava quando queria esquecer as mágoas e os problemas do mundo. Então, sem perda de tempo, decidiu que iria arriscar. Fechando os olhos e respirando calmamente, Amanda desejou se dirigir ao local. Bastavam apenas alguns poucos minutos para que ela se transportasse. Tudo o que a garota queria era poder correr e dar cambalhotas na grama verde, enquanto os passarinhos cantavam para ela. Logo, após o clarão do portal de entrada àquele mundo, enfim poderia abrir os olhos e começar a aproveitar. Porém, ela não demoraria a perceber que as coisas estavam bem diferentes do que ela imaginava encontrar.

No Vale dos Sonhos:
Despertando em um ambiente em completa penumbra e coberto por uma perturbadora névoa, Amanda espantou-se com o cenário que via. Onde estava a grama verde, o dia ensolarado e os pássaros cantando que tinha desejado? Tudo estava completamente diferente. Ao invés do som agradável dos animais, ela ouvia apenas gemidos e gritos assustadores. Ao invés do sol radiante, ela via apenas incontáveis sombras.

— O quê? Mas onde estou? — horrorizou-se ela.

Acontecia que o Vale dos Sonhos que ela e a amiga tanto conheciam havia mudado e se transformado em um local de completo pavor e escuridão. Sem entender, ela tentou caminhar, mas percebeu que o chão estava todo acidentado e repleto de pedras. Com medo, procurou concentrar-se e rapidamente retornar ao aconchego de seu quarto. Porém, verificaria que tal ação não seria tão simples como estava acostumada. E, para desespero da garota, por mais que tentasse, ela não retornava; parecia estar presa naquele estranho lugar. "Quero sair daqui", desejava ela com medo.

Amanda não sabia, mas o Vale dos Sonhos era um lugar para onde ela e a amiga se dirigiam conforme o estado emocional em que ambas se encontravam. Diferentemente do que estas acreditavam, aquele local não era situado apenas na mente das garotas, mas tratava-se de uma região que de fato existia. Tanto ela quanto Tamara tinham o dom de se desdobrarem durante os sonhos. Assim, quando estas imaginavam que a mente delas se transportava, na verdade era o espírito das duas que, momentaneamente, desprendia-se do corpo físico e para esse mundo migrava.

Todo ser humano possui dentro de seu corpo algo chamado "espírito", que algumas pessoas entendem por "fantasma". O espírito é a verdadeira essência de todas as criaturas e algo que continua a existir mesmo depois que as pessoas morrem.

A principal diferença do que Amanda e Tamara faziam quando saíam do corpo, em relação aos "fantasmas", é que, enquanto estes já estão completamente desligados ou semidesligados de seu corpo, as garotas ainda permaneciam interligadas ao delas através de um luminoso cordão fluídico, algo que nem se davam conta de ver, de tão sutil que era.

Sendo assim, quando acreditavam estar se transportando para esse mundo imaginário, na verdade estavam, por um momento, deixando o corpo físico e, através do espírito, rumando para lá. Logo, o Vale dos Sonhos era um grande misto do que realmente existia com o que elas traziam em sua mente.

Como o mundo que conhecemos não se limita apenas ao que podemos ver, existem inúmeros locais completamente invisíveis aos nossos olhos que, na verdade, são a "casa" temporária dos espíritos, estejam estes ainda ligados ao corpo físico ou não. Trata-se de inúmeras regiões que circundam tanto o nosso planeta quanto os outros.

Geralmente, quando dormimos, não estamos apenas descansando o cérebro. Os sonhos ou pesadelos não são apenas mundos ou situações imaginários criados apenas por nossa mente com trechos de lembranças passadas em situações corriqueiras do dia a dia. Muitas pessoas não compreendem, mas na realidade em vários momentos, quando estamos sonhando, vivenciamos de fato essas situações, embora fora do corpo, através do espírito. E, como a nossa mente é que comanda tudo, pois ela não reside apenas no cérebro, mas sim no espírito, durante o sonho, conforme o estado emocional em que nos encontramos, seguimos para diferentes locais fora de nosso próprio corpo.

Existem os sonhos inconscientes e os sonhos conscientes. Nos sonhos inconscientes, as pessoas não se dão conta de estarem sonhando. Já nos sonhos conscientes, as pessoas têm uma leve percepção de estarem sonhando e, de modo geral, possuem relativo controle do que ocorre.

Também existem desdobramentos espirituais inconscientes e conscientes. Neles, os espíritos das pessoas saem do corpo físico e caminham pelas regiões espirituais, mas sempre interligados ao corpo através de um luminoso cordão sutil e fluídico. A diferença entre os sonhos e os desdobramentos é apenas a condição temporária que estes últimos possuem. Enquanto nos primeiros tudo o que se experimenta ocorre apenas na mente e se estando encerrado no corpo físico, o espírito dos que conseguem se desdobrar segue rumo a diferentes esferas espirituais, conforme o grau de adiantamento que possuir. E, tão logo retorne ao corpo, conseguir se lembrar ou não do que viu ou fez dependerá única e exclusivamente de suas íntimas capacidades.

Tanto Tamara quanto Amanda eram capazes de realizar os sonhos de forma consciente e, apesar de não se darem conta, também eram capazes de se desdobrar quase de maneira consciente. Por isso, ao acordarem, ambas tinham a consciência de terem sonhado com as mesmas coisas — na realidade, as duas estavam juntas e em desdobramento.

Elas tinham a percepção de estarem sonhando, possuíam um relativo controle do que lhes ocorria e, apesar de na maioria das vezes as coisas lhes parecerem um pouco confusas, conseguiam manter com certa consciência o que faziam. Porém, não possuíam total controle da situação, pois, quando se desdobravam, o estado emocional de sua mente era o que lhes ditava para onde se dirigiriam e o que iriam encontrar.

Como ambas estavam desoladas com a situação pela qual passavam — Tamara, triste com o que Jéssica lhe dissera a respeito do amigo Felipe; e Amanda, triste por causa do afastamento da amiga Tamara —, ao mergulharem no sonho, esperando se dirigirem ao Vale dos Sonhos repleto de cor e alegria que conheciam, na verdade, em desdobramento, foram para uma região compatível com o que traziam na mente: um lugar de quase completa penumbra dentro do Vale dos Sonhos.

Esse local era onde residiam muitos espíritos que já haviam deixado o corpo físico ao falecerem, e também era para onde se dirigiam muitas pessoas desequilibradas, por meio do desdobramento inconsciente.

Como todos nós somos espíritos, apesar de momentaneamente habitarmos corpos físicos, somos energia — e esta pode variar de positiva a negativa. Como tudo no mundo se atrai conforme o estado em que efetivamente se encontra, se nossa energia estiver positiva, se dirigirá ao local onde existem energias compatíveis com ela, interligando-se às demais. Agora, se ela se encontrar negativa, seja por causa de algum evento que tenha nos causado certa tristeza ou devido a uma considerável mágoa, seremos atraídos de imediato para locais onde residam energias compatíveis com as que estamos manifestando.

Por isso, ao tentarem entrar na região que conheciam do Vale dos Sonhos, tanto Tamara quanto Amanda foram conduzidas à região das sombras, porque a energia de ambas estava negativa naquele instante, equiparando-se, assim, às energias residentes no local.

No Vale dos Sonhos:

— Ai, e agora, o que eu faço? — preocupava-se Amanda enquanto caminhava assustada.

Logo esta avistou à sua frente algo que lhe parecia bastante familiar. Abaixou-se para pegar e percebeu se tratar de uma das pantufas que sua amiga Tamara costumava usar quando queria esquentar os pés.

— Mas o que será que faz aqui esta pantufa da Tamara? Será que ela também está aqui? — questionou-se Amanda.

Caminhando por mais algum tempo e após passar em meio a dezenas de árvores que pareciam mortas devido a estarem secas e totalmente desfolhadas, Amanda espantou-se ao ouvir um assustado grito de socorro vindo de algum lugar próximo de onde estava. Era o grito de sua amiga Tamara, que pedia ajuda. Então, engolindo o medo, Amanda não pensou duas vezes e partiu em disparada a fim de auxiliá-la.

Embora com bastante dificuldade para caminhar por aquele terreno, não tardou em avistar a amiga, que se escondia em uma pequena fenda próxima ao que parecia ser uma gigantesca parede de pedra.

— Tamara, Tamara, você está bem? — preocupou-se ela, aproximando-se da amiga.

— Amanda, é você? — surpreendeu-se Tamara, para em seguida abraçá-la.

— Mas o que faz por aqui, amiga? — questionou-lhe Amanda.

— Não sei explicar. Estava em meu quarto e pensava em distrair um pouco a cabeça me dirigindo para o mundo de cores do Vale dos Sonhos, mas, quando me dei conta, acabei aparecendo aqui, nesta assustadora região de sombras. E você, amiga?

— Comigo foi a mesma coisa. Como estou gripada e minha mãe não me deixa sair de casa, eu pensava apenas em me distrair um pouco no Vale dos Sonhos. Mas, quando me dei conta, acabei vindo parar aqui também — explicou Amanda.

— Ai, você não sabe como estou feliz por te ver aqui também, amiga. Já tentei fazer de tudo para retornar e acordar em meu quarto, mas, por mais que eu tente, não consigo.

— Eu também já tentei por diversas vezes, Tamara, mas parece que estou presa. Sinto como se houvesse algo que estivesse me prendendo aqui.

— E você também os viu? — indagou-lhe Tamara, olhando para os lados.

— Vi quem?

— Os Sérferus — respondeu Tamara.

— Não me diga que eles também estão por aqui! — espantou-se Amanda.

— O pior é que sim. E eles sabem que estou aqui, porque me perseguiram. Se eu não tivesse corrido, com certeza teriam me pegado. Foi sorte ter encontrado este lugar para me esconder, senão não sei o que teria sido de mim — amedrontou-se Tamara.

— Agora sim estou querendo sair daqui o mais depressa possível, amiga. O que menos quero é encontrar uma daquelas criaturas em um lugar como este. E você chegou a tentar imaginar as coisas se transformando, como costumamos fazer no Vale dos Sonhos? — indagou-lhe Amanda.

— Eu até que tentei, mas não consegui me concentrar o suficiente. Este lugar me provoca arrepios.

— Comigo aconteceu a mesma coisa. Tentei respirar fundo e me acalmar, mas, toda vez que fecho os olhos, já quero abri-los, com medo de alguma coisa aparecer dentre estas sombras para me pegar. E agora, amiga, o que vamos fazer? — preocupou-se Amanda.

— Não sei. Mas não quero mais ficar neste lugar; quero voltar para minha casa. Oh, meu Deus, será que estamos presas aqui para sempre? — assustou-se Tamara.

9

— Então até amanhã, senhor Gustavo — disse Fabrício, despedindo-se do chefe e se dirigindo para casa no início da noite.

O irmão de Tamara, Fabrício, de 21 anos, trabalhava como ajudante em uma oficina de carros a cerca de meia hora de sua casa. Apaixonado por carros desde pequeno, o rapaz já vinha juntando dinheiro havia bastante tempo para poder realizar seu grande desejo: comprar seu primeiro carro. Se tudo seguisse como planejava, esperava conseguir dar entrada em um financiamento dentro de poucos meses. Por isso se esforçava muito no trabalho. Mesmo trabalhando apenas meio período, costumava sair o mais rápido que podia da escola em direção à oficina — tudo para que seu chefe, o senhor Gustavo Mendonça, reconhecesse sua dedicação e talvez assim o promovesse.

Fabrício também possuía outro sonho: conseguir levar toda a sua família para conhecer o litoral. Seus pais haviam residido quase a vida toda no interior do estado de São Paulo e, mesmo mudando para a capital, que era consideravelmente mais próxima do mar, por não possuírem condições financeiras suficientes ou um carro, nunca puderam se dar o luxo de viajar ao litoral para conhecer o mar. Em suas conversas, Tamara sempre contava para Fabrício o grande desejo que possuía de um dia poder conhecer o litoral e colocar os pés no mar. Foram inúmeras as vezes em que os irmãos se pegaram imaginando como seria esse aguardado momento. Por isso, Fabrício fazia questão de se esforçar ao máximo para realizar o grande desejo de comprar um carro e enfim poder levá-la em uma viagem ao litoral.

Algo que Fabrício costumava fazer quando chegava em casa era ir conversar com sua irmã, exceto nos dias em que ele a encontrava entretida em seu mundo imaginário. Nessas ocasiões, nem tentava dialogar com Tamara, pois já sabia que seria inconscientemente ignorado por ela.

— Boa noite, mãe! — desejou Fabrício ao entrar em casa, retornando do trabalho.

— Oi, Binho, boa noite! Dentro de mais alguns instantes já irei servir o jantar; se você puder, avise sua irmã por mim. Ela ficou trancada no quarto praticamente o dia inteiro.

— Já sei... Como sempre, deve estar lá, mergulhada naquele mundo imaginário dela. O que será que ela está fantasiando hoje? Como de costume, que é uma princesa e está esperando o príncipe encantado em seu conto de fadas. Vou tomar um banho e depois a chamo, então — disse ele, gargalhando e se dirigindo ao banheiro.

Ocorria que o garoto nem imaginava que a irmã nem de longe vivia um conto de fadas. Presa com a amiga dentro de um local assustador no Vale dos Sonhos, ambas corriam desesperadas, procurando se esconder dos Sérferus que haviam aparecido.

No Vale dos Sonhos:

— Você viu para onde ele foi? — perguntou Tamara, assustada.

— Não vi. Depois que atravessamos aquelas poças de lama, eu os perdi de vista.

— Ai, amiga, como faremos para sair deste terrível pesadelo?

— Já sei! É isto, Tamara! Precisamos acordar! — avisou Amanda.

— O quê? Mas é exatamente isto que eu estou tentando fazer: acordar.

— Sim, eu sei! Mas você se lembra daquela vez em que estávamos dormindo na sua casa no feriado e de repente saímos do Vale dos Sonhos sem ser por vontade própria?

— Ah, é, eu me lembro desse dia! Foi por causa do meu irmão, que entrou no quarto cantando e procurando o violão dele, e então nos despertou — recordou-se Tamara. — Mas como vamos fazer para que alguém nos acorde, amiga? Nem sabemos quanto tempo faz que estamos aqui. Você sabe que o tempo aqui não é igual ao tempo lá de fora. Podem ter passado apenas alguns minutos.

— É verdade. Mas pelo menos já sabemos que não ficaremos presas aqui para sempre. Basta apenas que alguém nos acorde, amiga. Enquanto isso, temos que tentar ao máximo nos esconder dos Sérferus — comentou Amanda.

Neste instante, ambas voltaram a escutar os perturbadores gemidos se aproximando e, antes que pudessem decidir o que fazer, um Sérferus surgiu dentre a névoa, bem em frente de onde elas estavam.

— Corra, Tamara! — gritou Amanda, desesperada.

Sem imaginar o sufoco pelo qual a irmã e a amiga passavam, Fabrício prosseguia tranquilamente terminando seu banho e cantando debaixo do chuveiro.

— Depressa! Por aqui, amiga! — disse Amanda, puxando Tamara pelo braço.

— Cadê ele, cadê ele? — questionou Tamara, escorregando.

— Aí! Bem atrás de você! — desesperou-se Amanda, que correu para socorrer a amiga. Colocando-se entre ele e a amiga, a garota passou a gesticular, tentando afastá-lo. — Saia daqui, sua coisa feia! Deixe-nos em paz! — gritou ela.

*

Enquanto isso, já de banho tomado e trocado, Fabrício decidiu ir ao quarto chamar a irmã para jantar.

— Tamara? Tamy, você está aí? — disse ele, abrindo a porta e entrando no quarto. — Ih, está dormindo? Mas como é molenga essa minha irmã, viu?

Então, após chamar seu nome por alguns instantes e ela não responder, Fabrício decidiu sacudi-la.

— Acordaaa! — gritou ele, gargalhando.

Com a sacudidela do irmão, Tamara finalmente conseguiu despertar daquele pesadelo.

— Nãooo! — gritou ela, abrindo os olhos e se levantando.

— Ei, calma, sou eu! — disse Fabrício, assustado.

— Ai, obrigada, Fabrício! — agradeceu, abraçando-o.

— Puxa, até parece que você estava tendo um pesadelo — brincou ele.

— Nem me fale! Mas, graças a Deus, consegui acordar. Se não fosse por você, nem sei o que teria sido da gente... Amanda!

Neste instante, Tamara lembrou-se da amiga e pulou da cama com rapidez.

— Preciso ajudá-la! — preocupou-se ela, correndo para se trocar.

— Ajudá-la? Mas o que tem sua amiga? — questionou Fabrício, sem compreender.

— Desculpe, mas agora não posso explicar. Preciso correr para a casa dela antes que seja tarde — disse ela, calçando os sapatos e correndo para as escadas.

— Ah, até que enfim você saiu daquele quarto! Mas onde a senhora pensa que vai a uma hora dessas? — espantou-se a mãe ao vê-la indo para a porta.

— Preciso correr para a casa da Amanda. Confie em mim. Depois eu explico, mãe.

— Mas o jantar já está na mesa! — tentou avisá-la sua mãe, porém a garota, com receio de que a amiga estivesse em apuros, abriu a porta e saiu correndo.

Como a casa da amiga ficava a apenas alguns minutos de sua casa, a garota chegaria lá bem depressa. Ao estacar à porta, Tamara foi logo tocando a campainha.

— Ah, boa noite, Tamara. Está tudo bem? — questionou-lhe a senhora Roseli, surpresa com a visita.

— A Amanda está em casa? — indagou-lhe, para ter certeza de que a amiga realmente dormia em casa.

— Sim, ela está gripada. Ficou no quarto o dia todo. Por quê?

Sem perda de tempo, a garota correu em disparada para dentro da casa.

— Ei, espere — espantou-se a mãe de Amanda, sem entender o desespero da garota.

Com medo de que algum Sérferus pudesse ter feito algo de ruim com sua amiga, e para tirá-la daquele terrível pesadelo, Tamara se dirigiu com rapidez ao quarto dela. Sem pensar duas vezes, abriu a porta e, ao vê-la dormindo, seguiu sem demora para enfim acordá-la.

— Amanda, Amanda, acorde! — gritou ela, sacudindo a amiga.

Contudo, mesmo chacoalhando-a e gritando em seus ouvidos, algo parecia estar errado, pois a amiga não acordava.

— Oh, meu Deus! Vamos, amiga, acorde, acorde! — desesperou-se ela, preocupada.

Neste instante, a senhora Roseli entrou no quarto e, sem compreender o que acontecia, questionou a garota:

— O que houve, Tamara? Por que todo este desespero?

— A Amanda não quer acordar — respondeu ela, já com as lágrimas escorrendo.

— Como assim, não quer acordar? — espantou-se a senhora Roseli, seguindo para também tentar acordar a filha.

— Amanda, meu amor? — sussurrou ela, tocando em seu ombro.

Após alguns segundos, percebendo que a filha de fato continuava dormindo e nem se mexia, a senhora Roseli começou a ficar preocupada.

— Filha, acorde! — disse ela em um tom mais alto enquanto a sacudia.

Surpresa por a filha não esboçar nenhuma reação, a mãe começou então a desesperar-se também; e, colocando a mão sobre a testa de Amanda, logo percebeu que a filha estava ardendo em febre. Com toda a gritaria, surgiu no quarto o pai da garota, o senhor Osvaldo, que foi informado pela esposa que a filha não estava acordando e parecia estar com febre. Preocupado, este também pôs a mão sobre a testa da garota e confirmou que ela não estava nada bem. Bastante preocupados, os pais de Amanda decidiram levá-la às pressas a um pronto-socorro.

Após colocar Amanda no carro ainda desacordada, cerca de alguns minutos depois, estes enfim chegaram ao hospital, onde a garota foi rapidamente colocada em uma maca e levada para a realização de exames.

Enquanto os pais acompanhavam de perto a avaliação de um médico, Tamara não se conformava e dizia que tudo fora por causa do pesadelo que ambas estavam tendo no Vale dos Sonhos.

— Não pode ser, é muita coincidência. Deve ter acontecido alguma coisa com a Amanda no Vale dos Sonhos — dizia Tamara, enquanto tentava controlar o choro por ver a amiga naquele estado.

Logo o celular de Tamara tocou. Era sua mãe ligando, aflita pela demora da filha em retornar para casa. Ela então explicou que estava com a família da amiga no pronto-socorro pois Amanda havia passado mal. Preocupada, a senhora Cecília indagou a filha sobre o que de fato havia acontecido, e a garota tentou lhe explicar toda a situação. Mas, ao contar para a mãe sobre o pesadelo, esta, bastante confusa e sem entender direito aquela história de as duas estarem presas em um sonho e sendo perseguidas por criaturas, pediu para conversar com os pais da amiga. Porém, como estes acompanhavam a garota dentro da sala, por ora a senhora Cecília teria de se conformar com aquela explicação, solicitando então à filha que lhe informasse a situação da garota assim que tivesse notícias.

No quarto do hospital, junto com o marido, acompanhando a avaliação médica, a senhora Roseli também não se conformava com o que havia ocorrido e explicou ao médico:

— Pensei que ela estivesse apenas dormindo e se recuperando da gripe, doutor. Nunca imaginei que não estivesse bem. Nós até conversamos pela manhã e já parecia estar um pouco melhor. Não sei como isso pôde ter acontecido — comentou ela, assustada com o estado da filha.

Com os primeiros exames, o doutor decidiu dar uma medicação para a garota na expectativa de conseguirem baixar aquela febre o mais rápido possível. Em seguida, explicou que, a princípio, todos os sinais de Amanda estavam apenas um pouco alterados e que, por precaução, fariam exames de sangue, mas que tudo indicava que o quadro em que a garota estava poderia ter sido provocado pela febre alta.

— Não se preocupem, a medicação que estamos dando irá baixar esta febre, e então poderemos ver como ela vai reagir nas próximas horas — explicou o doutor aos pais dela.

Enquanto aguardavam junto à garota no leito, esperando que a medicação começasse a fazer efeito, passada cerca de meia hora, o pai de Amanda, o senhor Osvaldo, decidiu ir avisar Tamara sobre o que o médico havia prognosticado. Porém, Tamara não se conformava e acreditava que o estado da amiga fosse fruto da situação pela qual ambas haviam passado na região de escuridão do Vale dos Sonhos.

Acreditava que algo de ruim tinha realmente acontecido com Amanda.

Após, a pedido de Tamara, o senhor Osvaldo ligou para sua mãe informando toda a situação, e esta disse que estava indo para lá buscá-la. A garota decidiu que não iria abandonar a amiga enquanto ela não estivesse melhor e que, se fosse preciso, passaria a noite toda no pronto-socorro aguardando que isso enfim ocorresse.

Compreendendo a angústia da filha em relação ao estado da amiga, a senhora Cecília permitiu que ela ficasse, com a devida aprovação do pai de Amanda, que lhe disse para não se preocupar, pois ele e a esposa cuidariam bem da menina.

Passada cerca de uma hora e pressentindo que eles ficariam por um longo tempo no pronto-socorro, a pedido da senhora Roseli, Tamara foi para a sala de espera para tentar descansar um pouco, enquanto eles esperavam por notícias.

Na sala de espera, sentada em uma poltrona e ainda bastante inconformada com a notícia de que era a gripe a causadora da situação em que a amiga se encontrava, Tamara decidiu que precisava fazer algo para tentar ajudar a amiga.

— Só existe uma maneira de realmente conseguir ajudá-la. Preciso retornar à região de escuridão do Vale dos Sonhos.

10

Em sua casa, após o perturbado dia que havia tido na escola com a chantagem de Jéssica, Felipe, deitado em sua cama e revendo na memória toda aquela situação, não se conformava com a loucura que a garota tinha inventado apenas para fazê-lo se afastar de Tamara.

— Ainda não acredito que aquela maluca da Jéssica foi capaz de se machucar apenas para me chantagear. Quem em sã consciência é capaz de fazer isto? E se ela for capaz de fazer coisas muito piores? — indagava-se. — Não, ela não deve ser tão louca assim. Será que a Amanda já está dormindo? Preciso contar para alguém toda esta maluquice, antes que eu mesmo fique maluco — decidiu ele, pegando o telefone e ligando para a garota.

Porém Amanda não estava em casa como ele imaginava, mas sim inconsciente e sendo monitorada no pronto-socorro. E, como ele havia ligado direto para o celular dela, este, por encontrar-se no bolso da garota, acabou tocando no leito. Como os pais de Amanda estavam com ela no quarto, espantados pelo celular começar a tocar, sua mãe, a senhora Roseli, correu para atendê-lo.

— Alô! Oi, é o Felipe. A Amanda está? — questionou ele.

— Ah... Oi, Felipe, é a mãe da Amanda. Infelizmente ela não poderá atender, pois estamos no pronto-socorro.

— No pronto-socorro? — surpreendeu-se ele. — Desculpe perguntar, senhora, mas o que houve?

— A Amanda acabou passando mal por causa da gripe e tivemos de trazê-la para cá — explicou sua mãe, ainda emocionada com toda a situação.

— Puxa, que chato... Se precisarem de algo, podem me ligar — comoveu-se ele.

— Obrigada, Felipe. Mas ela já está na medicação e temos fé em que logo deverá começar a melhorar.

— Vou rezar para que ela melhore, senhora — desejou ele, desligando o telefone.

Em seguida, Felipe começou a questionar-se sobre se Tamara também já estaria sabendo que a amiga estava no pronto-socorro. Apesar do aviso de Jéssica para que ele ficasse longe dela, aquela era uma situação diferente, pois a melhor amiga dela não estava bem e ele sabia que, se algo assim ocorresse, ela ficaria muito chateada se não fosse avisada.

— Mas e agora, o que eu faço? Será que ligo para a Tamara? — indagava-se ele.

Porém, Tamara não apenas sabia o que havia acontecido como também acreditava ser a única capaz de conseguir ajudar a amiga. Sentada na poltrona da sala de espera, preparava-se para se dirigir ao Vale e assim tentar resgatar a amiga.

Respirando profundamente, ela percebeu que precisaria ser forte se quisesse mesmo ajudá-la. Não poderia se deixar amedrontar pelo ambiente tenebroso em que se transformara o local de sonhos que conhecia, tampouco se deixar abater pelo receio de encontrar algum Sérferus. "Não posso ficar com medo. Tenho que ser forte! A Amanda precisa de mim", dizia a si mesma, enquanto iniciava os preparativos para entrar no Vale.

Então, fechando os olhos e desejando profundamente se dirigir ao local, bastaram apenas alguns poucos minutos para que ela enfim para lá se transportasse.

*

No Vale dos Sonhos:

Ao abrir os olhos, Tamara assustou-se, pois o local parecia ter se transformado e ficado ainda mais assustador que da última vez. Uma pequena névoa cobria todo o lugar, de tal forma que não se podia enxergar ao longe. No chão, inúmeras poças parecendo conter uma substância pegajosa se estendiam bem a sua frente. No ar, pairava um desagradável cheiro de podridão que chegava a arder-lhe os olhos. Atrás dela, um terreno totalmente acidentado a obrigava a seguir apenas para frente. E os perturbadores sons de gemidos prosseguiam, muito mais altos e aterrorizantes que da última vez.

Tamara, receosa, logo se abaixou e, por mais que quisesse resistir, todo aquele tenebroso ambiente fez suas pernas tremerem. Não sabia se conseguiria ter coragem de enfrentar tudo aquilo e resgatar a amiga.

— Ai, o que eu faço, o que eu faço? — questionava-se ela, completamente assustada.

A garota estava com muito medo. Havia ido até lá para tentar encontrar e ajudar a amiga, mas, ao se deparar com tudo aquilo, começou a duvidar de que seria mesmo capaz. Não demorou para que começasse a chorar.

— Amanda, onde você está? — sussurrava ela, aos prantos.

Seu coração estava acelerado e ela quase não conseguia pensar de tanto medo. Foi então que veio a sua mente o desejo de apenas sair o mais depressa dali, retornar ao pronto-socorro e nunca mais voltar àquele horripilante lugar. Contudo, lembrou-se da amiga, da situação em que ela se encontrava, estando desacordada e acamada em um leito de hospital. Recordou-se também do desespero em que se encontravam os pais dela. "Não. Eu preciso fazer algo pela Amanda", disse a si mesma, respirando profundamente e ficando em pé. "Vamos, Tamara, você consegue!", incentivou-se.

Rapidamente enxugou as lágrimas e procurou abandonar todo aquele sentimento de medo. Sua amiga precisava dela e Tamara sentia que de alguma maneira era a única que conseguiria ajudá-la. Assim como a amiga fora tão corajosa em ajudá-la a sair daquele pesadelo na última vez, quando tivera coragem e enfrentara o Sérferus para que ela conseguisse escapar, Tamara também faria tudo o que estivesse a seu alcance para encontrar e salvar a amiga; para que as duas pudessem retornar juntas para casa.

Mais confiante de que poderia auxiliar a amiga, Tamara passou a caminhar por aquele ambiente inóspito chamando por Amanda. À medida que caminhava, deparava-se com imagens cada vez mais assustadoras. Não havia nada que agradasse aos olhos, apenas uma incômoda névoa naquela quase sufocante escuridão. Somente alguns poucos raios de luz bastante fracos que conseguiam vencer as pesadas nuvens eram o que impedia que tudo ficasse em um completo breu.

Ali, Tamara não conseguia divisar ao certo o passar do tempo, mas sentia como se já estivesse caminhando por quase meia hora naquele caminho de chão de terra e pedras, com inúmeras poças e rodeado por dezenas de árvores mortas, sem contar os gemidos que de tempos em tempos tornavam-se mais altos e perturbadores. Caminhando então por mais cerca de meia hora, sem encontrar rastro algum da amiga, Tamara começou a ficar desconsolada. Sentia como se andasse em círculos. Porém, logo começou a perceber que aos poucos a paisagem parecia sofrer algumas mudanças. O chão de terra deu lugar a um calçamento de pedras, os gemidos pareciam ter cessado, e no entorno as árvores começaram a dar lugar a dezenas de casebres, fazendo parecer que ela adentrava um antigo vilarejo.

— Amanda! Onde você está? — prosseguia chamando Tamara. "Puxa, mas afinal onde será que eu estou?", questionava-se.

O lugar dava a impressão de estar completamente abandonado havia séculos, pois tudo parecia bastante velho. Muitos casebres estavam com partes das paredes e o teto derrubados, além de janelas e portas aparentemente podres.

— Será que a Amanda está dentro de alguma destas casas? — indagou-se.

Temerosa de que pudesse se deparar com algo desagradável, contudo mais preocupada em encontrar a amiga, a garota decidiu arriscar procurá-la dentro das casas. Com bastante cuidado, arriscou-se em uma delas. Imprimiu uma pequena força na porta, que parecia destrancada, e entrou. O telhado estava cheio de buracos, o que lhe permitia enxergar do lado de dentro da casa, devido à luz que por ele entrava. A primeira coisa que notou foi o cheiro de mofo. Havia alguns estofados, como duas poltronas e um sofá velho, além de uma mesa tombada por causa de uma das pernas quebradas, rodeada por apenas duas cadeiras que ainda permaneciam de pé. Apesar de aparentemente pequenos, os casebres pareciam possuir mais de um cômodo e um andar superior. Assim que adentrou, Tamara chamou pela amiga, mas não quis gritar.

— Amanda, você está aí? — sussurrou ela.

Como nada ouviu, seguiu para a casa seguinte. Dentro dela, percebeu que no geral tudo parecia bastante semelhante à anterior, tendo apenas alguns poucos móveis a mais ou a menos.

— Amanda, sou eu, a Tamara. Você está aqui? — tornou a chamar.

Novamente, nada ouviu e prosseguiu para a próxima casa. Nesta, porém, não havia porta, pois os restos do que parecia ter sido uma encontravam-se aos pedaços e espalhados pelo chão. Ela logo entrou.

— Amanda! — chamou mais uma vez.

Mas, como nada ouviu, decidiu sair. Porém, algo chamou-lhe a atenção: um estranho barulho parecia vir do andar superior. Aproximando-se da escada, novamente chamou pela amiga. Esperou alguns segundos, focando sua atenção no andar de cima, mas ninguém respondeu. Porém, como o som que ouviu permanecia, decidiu se arriscar. Apesar de ser uma escada bastante velha e já com alguns degraus faltando, o que não lhe inspirava a mínima confiança, Tamara decidiu mesmo assim ir adiante. Precisava saber que som era aquele. Apoiando então lentamente o pé no primeiro degrau, começou a subir.

Logo de início, sentiu um grande frio na barriga, pois, diferentemente do andar térreo, onde se podia enxergar o ambiente através da pouca iluminação que adentrava pelos grandes buracos nas paredes, o andar superior estava em completa penumbra, já que o teto da casa parecia estar quase intacto. E aquilo perturbava-lhe. Contudo, mesmo assim, decidiu prosseguir e investigar que som era aquele. Tamara subiu um, dois, três degraus com bastante cautela, uma vez que as tábuas rangiam a cada passo, até que, chegando quase ao meio da escada, para seu desespero, alguns dos últimos degraus em que havia pisado e aquele em que ainda apoiava um dos pés cederam, abrindo-se um buraco na escada. Se não fosse a garota segurar-se rapidamente no velho corrimão, teria simplesmente caído.

Recobrada do susto, respirou fundo e continuou, até atingir o andar superior. Analisando o ambiente, viu que no extenso corredor que dava acesso aos quartos havia no chão um tapete já bastante velho e rasgado, além de inúmeros quadros dispostos pelas paredes. Do início do corredor, ela contou quatro portas, quase todas entreabertas. Como ela continuava a ouvir aquele som estranho, mas não sabia de qual porta vinha, decidiu novamente chamar pela amiga. Porém, não ouvia resposta.

Foi então que Tamara chegou à primeira porta e percebeu que, infelizmente, como estava tudo muito escuro, nada conseguiria enxergar. E que, se quisesse ver o que realmente havia lá dentro, não teria outro jeito senão entrar no quarto. Empurrando a porta devagar, a garota começou a colocar a cabeça para dentro e, para seu desespero, a porta simplesmente desabou, abrindo um grande buraco no chão e caindo no andar de baixo. Acuada com o susto, Tamara se afastou e quis correr, com receio de que a casa toda viesse abaixo, mas algo lhe chamou a atenção. Mesmo que bem baixo, teve a ligeira impressão de ouvir a voz da amiga.

— Amanda? — disse ela em um tom mais alto, chamando pela amiga.

A garota esperou por alguns segundos e não tardou para que de novo ouvisse um leve gemido que parecia ser mesmo de Amanda. Então, com bastante cuidado, seguiu pisando e verificando, à medida que caminhava, se o chão estava firme o suficiente para aguentar seu peso. As tábuas do assoalho rangiam, mas não chegavam a afundar, e aquilo já era suficiente para que Tamara prosseguisse, pois, se a amiga estivesse lá, ela queria ir o mais rápido que pudesse.

No segundo quarto, Tamara viu que não precisaria empurrar a porta para verificar o que havia do lado de dentro, pois já à porta havia um imenso buraco que lhe permitiu constatar com bastante dificuldade, devido à pouca iluminação, que naquele aposento existia apenas uma pequena cômoda, um guarda-roupa caindo aos pedaços e uma cama de casal bastante velha. Porém, nenhum sinal de Amanda.

O terceiro aposento, já sem porta, Tamara constatou tratar-se apenas de um banheiro. Deu uma leve olhada e viu apenas uma grande quantidade de sujeira espalhada pelo chão. "Credo!", pensou ela, dirigindo-se enfim para a última porta.

Estacada em frente ao último quarto, a garota verificou que aquele era o único cômodo que tinha a porta completamente fechada. Tamara então encostou o ouvido na porta e logo percebeu que o gemido vinha realmente daquele aposento. Parecia o som de alguém respirando de maneira ofegante.

— Será que é a Amanda? — questionou-se ela antes de abrir a porta.

Com o coração apertado, respirando fundo e segurando firme na maçaneta, decidiu abrir a porta de uma vez por todas. E, para seu alívio, viu que a amiga Amanda de fato se encontrava lá.

Tamara, assustada, notou que a amiga se revirava na cama como se estivesse tendo um pesadelo. O som que vinha ouvindo era da amiga, que respirava com bastante dificuldade, deitada e desacordada em uma antiga cama. Sem demora, entrou no quarto e chamou a amiga para que despertasse.

— Amanda, Amanda, acorda! Sou eu, a Tamara — falava, sacudindo-a.

Como quem desperta de um grande susto, a garota não demorou a abrir os olhos e se levantar, desesperada. Estava ofegante e quase não conseguia falar. Parecia estar com bastante medo.

— Calma, amiga, sou eu! Vai ficar tudo bem — disse Tamara, abraçando-a.

Alguns segundos depois, Amanda pareceu ter conseguido retornar a si; acalmou-se um pouco e viu que era Tamara quem estava ali com ela.

— Ai, amiga, você me achou! Tive tanto medo — falava ela, quase às lágrimas.

— Desculpe pela demora; você não vai acreditar no que houve. Depois eu conto... Quem fez isto com você? — indagou-lhe Tamara.

— Foram eles, amiga, os Sérferus! Eu pensei que pudesse enfrentá-los, mas não consegui, e eles me capturaram. Disseram que agora eu pertencia a eles e nunca mais sairia daqui. Eu tive tanto medo...

— Sinto muito pelo que você passou, mas agora o mais importante é descobrirmos uma forma de sair daqui. Venha. Você consegue caminhar? — questionou-lhe Tamara, apoiando-a em seu ombro.

— Acho que sim; estou apenas um pouco confusa, mas posso caminhar.

— Então vamos! Este lugar me dá arrepios.

Enquanto saíam do quarto e caminhavam em direção à escada, eis que uma voz surgiu, parecendo vir das próprias paredes:

— *Aonde pensam que vão? Vocês nunca mais conseguirão sair daqui. Agora, vocês são minhas!*

11

Assustadas com a voz que ressoava pela casa, as garotas começaram a correr o mais rápido que podiam em direção à saída.

— Ande, venha, amiga, depressa! — disse Tamara, puxando Amanda pelo braço.

Sem olhar para trás, as garotas só pensavam em fugir. Porém, não perceberam quando, bem no corredor atrás delas, exatamente no quarto onde se encontrava Amanda, surgiu das sombras uma das temíveis criaturas Sérferus, os braços estendidos e seguindo em sua direção. Praticamente flutuando sobre o assoalho, o Sérferus parecia revoltado pelo fato de a amiga de Amanda tê-la retirado de seu domínio. Assim, bramindo um som perturbador, seguia atrás das duas.

Já na escada, as garotas nem sequer se preocuparam com os rangidos das tábuas velhas, tampouco com os degraus que se quebravam à medida que desciam, pois tudo o que queriam era fugir para o mais longe possível daquele lugar.

Quando Amanda olhou para trás e viu que a criatura as perseguia, assustada, quase enfiou o pé em um dos buracos da escada, e, não fosse Tamara segurá-la, com certeza teria caído.

— Corra, ele está vindo! — gritou Amanda. — Venha, venha, já estamos quase na porta.

Porém, quando ambas acreditavam que em mais alguns passos estariam fora daquela casa, eis que a criatura, movendo-se a uma velocidade que seqüer conseguiam ver, surgiu bem diante delas, bloqueando assim a única saída existente.

Desesperadas com aquela criatura pavorosa diante delas e pronta para agarrá-las, Amanda não conseguiu conter o temor e começou a chorar. A garota que outrora havia sido corajosa ao tentar enfrentá-los estava agora tomada por um completo pânico. E, vendo a pobre da amiga naquele estado e sem saber o que fazer, Tamara, então, como um sopro ditado diretamente a sua mente, recordou-se de uma das missas da igreja que frequentava. Lembrou que certa vez o padre comentara que a melhor maneira para encontrarmos uma saída às nossas aflições era termos fé em Deus e pedir--lhe forças para superarmos os problemas, e que somente quando críamos com firmeza era que éramos capazes de fazer acender uma luz em nosso caminho. Assim, mantendo-se à frente da amiga para protegê-la, a garota decidiu que não iria mais fugir, pois estava decidida a não desistir de tentar retomar o controle daquele local que, até então, considerava como sendo uma criação dela e da amiga.

Então, fechando os olhos, Tamara procurou concentrar-se com firmeza para assim poder realizar ali uma péquena oração. De imediato, algo surpreendente aconteceu. A criatura parou e não conseguiu avançar sobre elas. E, à medida que a garota pronunciava aquelas valiosas palavras, uma forte luz pareceu abrir o céu, atravessar os grandes buracos do teto da casa e cobri-las, como se as envolvesse em um majestoso elo de amor com o Altíssimo. Aquela poderosa luz vinda do Alto parecia amparar Tamara e sustentá-la em sua humilde oração. As duas viram o Sérferus, parecendo bastante incomodado com aquela luz, contorcer-se, para alguns segundos depois simplesmente desaparecer.

A luz não apenas as tinha auxiliado em relação à criatura, mas, ao colocarem os pés para fora da casa, perceberam que aquela luz também indicava-lhes o real caminho que deveriam seguir para conseguir sair daquele lugar. Como um poderoso farol, a luz demonstrava-lhes que, mesmo em todo aquele ambiente hostil, se confiassem em si mesmas, seriam capazes de fazer surgir luz até mesmo em meio à mais densa escuridão — bastava que se lembrassem do valoroso amor de Deus, que, como um pai zeloso, jamais abandona seus queridos filhos e sempre traz a verdadeira luz para fazer brilhar no íntimo de nossos corações.

Ao seguirem na direção em que a luz brilhava, logo saíram daquele local de sombras e enfim puderam encontrar o tão procurado caminho de volta para casa. Sentindo um vibrante calor no corpo, as duas, pouco a pouco, foram sendo tomadas pela cintilante luz enquanto deixavam-se por ela ser envolvidas. Mas, antes que desaparecessem, Tamara recordou que não havia contado para a amiga que ela estava desacordada em um hospital.

— Amanda! Eu esqueci de lhe contar... — gritava ela, tentando avisá-la.

Contudo, por mais que a garota se esforçasse, já estavam quase completamente envolvidas pela luz, e o som de sua voz começava a ficar cada vez mais baixo.

— O que você disse, Tamara? — gritou Amanda, tentando entender a amiga.

— Você está em um hospital e precisa acordar...

Como em um *flash*, Tamara voltou ao corpo, que permanecia sentado na mesma poltrona onde havia adormecido no local de esperas do hospital. De supetão, ela abriu os olhos enquanto chamava pela amiga:

— Amanda?

Sem saber quanto tempo havia realmente se passado e ainda um pouco atordoada com tudo o que acontecera, levantou-se o mais rápido que pôde da poltrona a fim de procurar pela amiga. Mas logo as pernas cambalearam, e ela procurou apoiar-se em uma parede, por causa da vertigem provocada pela súbita elevação.

— O que houve, menina, está tudo bem? — preocupou-se um dos visitantes que também estava sentado em uma das poltronas e vira a garota levantar assustada para logo depois titubear.

— Não precisa se preocupar, moço, eu estou bem. Acho que foi somente a pressão — explicou Tamara, escorada em uma das paredes.

Bastaram apenas alguns segundos para que a garota, já refeita do susto, seguisse com rapidez para o leito hospitalar onde a amiga se encontrava, pois queria muito saber se todo o seu esforço havia tido algum resultado.

— Amanda! — chamou Tamara entrando no quarto. Porém, logo se entristeceu. Deparou-se com a amiga deitada e infelizmente ainda desacordada. Sentiu como se tudo o que havia feito tivesse sido em vão.

— O que houve, Tamara? — indagou-lhe a mãe de Amanda, que se assustara ao ver a amiga da filha entrar rapidamente no quarto.

A senhora Roseli não quisera se ausentar um único instante de perto da filha, enquanto seu pai, por já ter amanhecido, mesmo com dor no coração por deixar a filha naquele estado, havia ido para o trabalho. Porém, somente após os médicos lhe garantirem que o quadro da filha seguia estável.

Tamara, então, com lágrimas escorrendo dos olhos, aproximou-se do leito da amiga e, segurando suas mãos, sussurrou-lhe, pedindo perdão:

— Desculpe, amiga, eu juro que tentei. Me perdoe... — disse, baixando a cabeça.

Parecia que o estado de saúde de Amanda nada tinha a ver com o que ocorria no Vale dos Sonhos, ao contrário do que Tamara imaginava. A garota tivera fé de que aquele era o real motivo de a amiga encontrar-se desacordada e sentia-se agora desconsolada por Amanda não ter despertado.

— O que aconteceu, Tamara, não quer me contar? — indagou-lhe a senhora Roseli.

A garota bem que tentou contar-lhe sobre o Vale dos Sonhos e tudo o que acontecera, mas a tristeza por suas expectativas não terem dado certo era muito grande. Chorando, ela logo foi consolada pela senhora Roseli, que a abraçou fraternalmente.

As duas permaneceram ali, abraçadas, por cerca de dois minutos, até que um forte suspiro lhes chamou a atenção. Ao se virarem e abrirem os olhos, as duas surpreenderam-se ao ver que Amanda enfim havia acordado. Ela tinha levantado o tronco da cama e respirado profundamente, como se tivesse acabado de acordar de um longo pesadelo.

— Amiga!

— Filha!

Felizes e não contendo a emoção, Tamara e a senhora Roseli seguiram em direção de Amanda. Ainda um pouco confusa e sem saber onde realmente estava, ela foi abraçada pela mãe e pela amiga, as quais, com lágrimas nos olhos, agradeciam a Deus por ela ter aberto os olhos. A garota enfim havia acordado! Entreolhando-se, as amigas sorriam, enquanto, gesticulando com a boca, Amanda agradecia Tamara com ternura por ela ter tido a coragem de ir ao Vale dos Sonhos resgatá-la.

Como já havia amanhecido, Tamara imaginou que seus pais deveriam estar bastante preocupados por ela ainda não ter retornado para casa. Porém, logo que amanhecera e o pai de Amanda, o senhor Osvaldo, vira que a amiga da filha dormia em uma das poltronas, fizera questão de ligar para os pais dela e informar que a garota estava bem, dormindo naquele momento, mas que Roseli ficaria com ela. Por isso, quando Tamara viu pela janela que já havia amanhecido e pensou que os pais deveriam estar bastante preocupados, a senhora Roseli fez questão de confortá-la, dizendo-lhe que seu marido já havia ligado logo cedo para seus pais, e eles tinham compreendido perfeitamente que não havia com que se preocupar.

Logo após a senhora Roseli chamar um dos médicos para avisar que a filha havia acordado, este constatou com rapidez que a febre da garota havia desaparecido. Como nos exames que tinham feito não fora encontrada nenhuma alteração, bastou mais cerca de uma hora para que a garota, após se alimentar, pudesse receber alta e todos finalmente pudessem retornar para casa.

Na escola, Felipe, ainda sem saber tudo o que havia acontecido com Amanda, apenas desejava que a amiga estivesse bem, pois no telefonema que fizera à amiga quando esta estava no hospital sentira que a mãe da garota parecia estar bastante preocupada.

Na sala de aula, Jéssica continuava a se insinuar ao garoto e a chantageá-lo, mostrando-lhe sorrateiramente a marca do hematoma que ela mesma havia provocado em seu braço.

— Oh, Senhor, este dia vai ser bem longo — suspirou ele, lamentando-se.

Tudo o que Felipe mais queria era nunca ter conhecido Jéssica. Sempre pressentira que a garota era um pouco estranha, pelo seu modo de agir, mas jamais imaginara que, para chantageá-lo, ela seria capaz de ir tão longe. E, como prometera à garota que ficaria longe de Tamara, quando chegou o intervalo, Felipe foi ficar junto de seus amigos, pois o que menos queria era irritar Jéssica e vê-la chantageá-lo indo falar com seu pai, o diretor. Porém, ao menos naquele dia, Felipe não precisaria se preocupar em ficar longe de Tamara, uma vez que ela, assim como Amanda, não havia ido à escola.

— Ai... que este dia passe logo, que este dia passe logo... — desejava Felipe.

O primeiro período e o intervalo já haviam passado sem que Jéssica fizesse algo com que ele devesse se preocupar. Bastava agora aguentar apenas mais um período e logo poderia ir embora e fugir daquela enclausurante situação.

Mas as coisas não seriam assim tão simples quanto Felipe supunha. A professora daquele período, chamada Maristela Fragoso, que ministrava História, era uma das professoras que Felipe considerava mais chatas. Além de ser uma pessoa bastante grossa e que não gostava de explicar determinado assunto mais de uma vez, ela adorava dar trabalhos. Alguns diziam que aquilo era mais por falta de vontade de dar aula do que para incentivar os alunos a estudar. E, como não poderia ser diferente, ela pretendia dar um seminário cujos grupos poderiam ser formados por até quatro alunos. O enredo seria focado nos grandes personagens da História que haviam moldado os diferentes tipos de religião existentes.

Preocupado com que Jéssica quisesse formar grupo com ele, Felipe logo correu para os amigos Luciano Bernardes e Tiago Gomes, a fim de se juntar a eles. Alguns minutos depois, foram formados seis grupos. Os temas seriam: Cristianismo, Budismo, Hinduísmo, Islamismo, Judaísmo e Espiritismo. Como a classe de Felipe possuía 25 alunos, apenas um dos grupos ficaria com cinco integrantes, e o restante com quatro. Grupos formados, a professora viu que haviam sobrado dois alunos sem grupo e dois grupos com apenas três alunos: o de Felipe e mais um outro. Consequentemente, a professora ordenou que ambos incluíssem mais um em seus grupos. E, para a infelicidade de Felipe, uma das pessoas que estava sem grupo era ninguém menos que Jéssica. A astuta garota não se juntara logo de início a nenhum grupo porque tinha esperanças de conseguir entrar no grupo de Felipe. O menino que sobrara, Juliano Sousa, era conhecido por Felipe por ser bastante desleixado e, no ano anterior, já tivera inclusive um desentendimento com ele em uma partida de futebol. Desde então, os dois sequer se olhavam, mas, mesmo assim, só para não ter que ficar junto de Jéssica, ele até abriria mão do orgulho para escolher o garoto.

Felipe quis então se adiantar e chamar Juliano, mas, atrapalhado, ao se levantar com rapidez, com receio de que a professora colocasse Jéssica em seu grupo, acabou enroscando o pé na alça da própria mochila que estava no chão e tropeçando, e foi parar quase de cara no chão. A classe não aguentou ver a hilária cena e logo todos vieram a cair na gargalhada.

Do chão, bem que Felipe tentou levantar a mão e chamar por Juliano, mas a algazarra foi tamanha, que não se ouviu ele pronunciar uma única palavra. E, mandando todos se calarem, para alegria de Jéssica e tristeza do garoto, a professora tomou a iniciativa: ela colocou Juliano no outro grupo com três alunos e, para desespero de Felipe, colocou Jéssica em seu grupo.

— Ah, droga — lamentou-se Felipe, levantando-se sem graça do chão. Ele não se conformava com o grande azar que tivera.

Jéssica se dirigiu ao grupo de meninos e puxou uma cadeira exatamente ao lado de Felipe, que nem teve coragem de olhar para o lado e encarar a garota, tamanha era sua frustração. Mas Jéssica fez questão de mostrar que ele não ficaria livre dela. Enquanto o grupo focava em procurar anotar as orientações que a professora escrevia na lousa, a garota aproveitou para dar um belo apertão no braço de Felipe. O coração do garoto estava tão acelerado, que ele só não se levantou por receio de acabar caindo de novo.

Grupos formados e reunidos, cada um começou a debater sobre o tema que escolhera. Assim como Felipe, a maioria de sua classe seguia o cristianismo, por isso muitos consideraram o tema mais propício. O grupo de Felipe queria se adiantar e escolher esse tema, mas, como Luciano adiantou aos amigos de grupo que era de família espírita e que seus pais possuíam bastante experiência no assunto, acabaram optando assim pelo tema Espiritismo.

Além das provas convencionais, o seminário valeria também como uma das notas finais, sendo metade da nota para o trabalho manuscrito e a outra metade para as apresentações individuais. Os grupos deveriam se reunir durante as aulas para tirarem as dúvidas sobre os temas com a professora, mas também deveriam se reunir aos finais de semana para elaboração e organização do material que deveriam trazer à aula. O trabalho teria duração de dois meses, com as apresentações ocorrendo ao final do mês seguinte. Ficar por quase dois meses preso a Jéssica era tudo o que Felipe *não* queria.

— Puxa, dois meses? Estou perdido — lamentou-se Felipe, levando as mãos à cabeça.

12

No outro dia, Amanda, já em sua casa e ainda repousando do ocorrido, apesar de se sentir bem melhor, foi informada pela senhora Roseli de que seu amigo Felipe havia lhe telefonado e que talvez fosse importante ela entrar em contato com ele para explicar que já estava bem. Atendendo à solicitação da mãe, a garota logo ligou para o celular do amigo, esquecendo-se de que este já deveria se encontrar em sala de aula, fazendo então com que seu celular começasse a tocar no meio da aula, incomodando o professor.

— Quantas vezes terei que dizer para desligarem o celular em sala de aula? — irritou-se o professor.

Desesperado, Felipe tentou pegar o aparelho o mais rápido possível em sua mochila; contudo, como estava com várias coisas sobre ele, acabou se enrolando e, com a demora em fazê-lo parar de tocar, todos começaram a rir. Sem graça, o garoto jogou o conteúdo da mochila no chão até finalmente encontrar o aparelho no meio de uma blusa.

— Alô... — disse ele, sussurrando ao telefone.

— Oi, Felipe, é a Amanda. Minha mãe disse que você me ligou.

— Liguei sim, preciso muito falar com você — prosseguiu ele sussurrando.

— E eu preciso continuar a aula, mocinho — repreendeu-o o professor.

Felipe não havia percebido que tanto o professor quanto a sala inteira tinham ficado em silêncio, observando-o enquanto tentava pegar o celular. E, com a bronca do professor, muitos não controlaram as risadas.

— Eu preciso desligar. Depois conversamos — explicou Felipe.

— Você precisa o quê? A ligação está cortando — questionou-lhe Amanda.

— Preciso desligar — disse ele, levando sua mão à boca para abafar o som.

— Sim, eu sei que você quer conversar. Então fala, garoto — respondeu a menina sem entender.

— Eu disse... preciso desligar... — sussurrou Felipe em um tom mais elevado, tentando fazer-se entender e provocando gargalhadas da classe, que não se controlava ao ver a cara do irritado professor esperando o garoto conversar.

— Ah, desligar? Ok, depois nos falamos, então — desligou a garota, para alívio de Felipe.

— Pronto? Já posso prosseguir com a aula? — questionou o professor sarcasticamente, enquanto o garoto, sem graça, fez um pequeno aceno de cabeça.

Felipe mal se continha de tanto nervosismo, pois precisava muito desabafar com alguém sobre os planos de Jéssica. Ele ainda não acreditava como alguém podia ser tão falsa e cruel como aquela garota — a qual, por sinal, havia prestado bastante atenção em Felipe enquanto este conversava ao telefone, uma vez que não queria perder o controle que exercia sobre o garoto. E, tentando olhar disfarçadamente para Jéssica, Felipe se surpreendeu ao perceber que a garota o encarava de maneira ameaçadora, obrigando-o a colocar a mão no rosto, tentando se esconder.

"Não adianta tentar se esconder. Você agora está em minhas mãos", comentou a garota em pensamento enquanto sorria com malícia.

Quando enfim chegou o intervalo das aulas, Felipe foi ao banheiro e em seguida ao pátio, a fim de ligar para Amanda.

Contudo, logo interrompeu a ligação ao ver ninguém menos que sua amiga Tamara. Esta havia ido ao colégio e encontrava-se sentada sozinha em um dos bancos da pequena praça. Era o momento ideal para Felipe tentar conversar com a amiga e descobrir até que ponto Jéssica tinha conseguido manipular sua cabeça. No entanto, aquele era um local muito perigoso para se aproximar de Tamara, pois tinha certeza de que Jéssica os estaria vigiando.

Observando-a de longe, o garoto desejava muito poder conversar com a querida amiga, pois ficar afastado dela só o fizera perceber o quanto ele realmente sentia sua falta, ainda mais vendo-a parecer tão desolada. Como ele e Amanda eram os grandes amigos dela, não ter os dois ali para conversar a fazia muito triste.

Mas Jéssica, observando-os de maneira sorrateira, decidiu aproveitar-se do momento. Com um falso sorriso nos lábios, a garota aproximou-se de Tamara e a abraçou calorosamente.

— O que houve, amiga? — questionou ela, passando a mão nos cabelos de Tamara.

Sem graça por dizer que estava assim devido ao conselho dela para que ficasse longe de Felipe, Tamara apenas sorriu com timidez e disse não ser nada, que apenas estava um pouco cansada.

— Ah, mas o que é isso, amiga? Não quero vê-la com esta carinha. Venha, vou lhe pagar um lanche e tenho certeza de que irá se animar. — Levantou-se e, pegando-a pelo braço, dirigiu-se à cantina.

Apenas observando-as de longe e sem saber que na realidade Jéssica já sabia que ele estava ali, Felipe não se conformava com a falsidade da garota. "Preciso urgentemente conversar com a Amanda e explicar tudo isso para ela", pensou ele, decidindo que seria melhor encontrá-la pessoalmente ao final da aula.

Já em sala de aula e decidido a não deixar que passasse daquele dia a conversa com Amanda, Felipe havia se esqueci-do de que ele e seu grupo tinham combinado de se encontrar exatamente depois daquela aula, na casa de Luciano, para conversarem sobre o trabalho que iriam apresentar, sendo Espiritismo o tema escolhido pelo grupo.

Ao fim da aula, já se levantando para ir embora, Felipe foi indagado por Tiago, um dos integrantes de seu grupo, sobre se havia trazido o material para fazerem o trabalho, conforme cada um havia combinado.

— O quê? É hoje que combinamos de nos encontrar? — desanimou-se ele, levando a mão à cabeça.

— Esqueceu, não é? — reprovou o amigo.

— Bem, na realidade, estes dias têm sido uma grande correria, sabe? Eu tinha separado alguns livros para trazer, mas infelizmente esqueci em casa. Será que não podemos remarcar para outro dia?

— Eu acho difícil. O Lu até já me disse que a mãe dele está esperando pela gente. Parece que ele combinou com ela e uma amiga dela para nos explicarem sobre o que conhecem. Como são espíritas, disse que seria bem legal nós conversarmos com elas — explicou Tiago.

— Ah, é? Sabe o que foi? Não sei se vou conseguir ir; tenho um compromisso muito importante em casa — tentou enrolar Felipe.

— E então, pessoal, já estão prontos para irmos a minha casa? — questionou Luciano, aproximando-se. — Minha mãe fez até um almoço todo especial porque eu disse que vocês iriam.

— Puxa, é sério isto? — lamentou-se Felipe, percebendo que seria muito chato da parte dele não comparecer, uma vez que a mãe de Luciano sempre fora tão gentil com ele.

— Bem, o Felipe estava aqui me dizendo que... — falou Tiago, mas foi interrompido por Felipe.

— Dizia que não vejo a hora de chegarmos a sua casa — comentou Felipe, tentando disfarçar.

— Que bom! Tenho certeza de que minha mãe irá adorar — disse ele, sorrindo.

— Bom, então vamos logo! — adiantou-se Felipe.

— Calma, a Jéssica vai com a gente. Esqueceu que ela também é do nosso grupo? — disse Luciano, segurando Felipe.

Na verdade, Felipe não havia esquecido. Ele queria mesmo era poder ficar longe daquela garota.

— Há, há, há! Tinha me esquecido... — riu ele, sem graça.

Terminada a aula, Felipe seguiu com seu grupo à casa de Luciano, conforme combinado, enquanto sua amiga Tamara retornava para casa a fim de repensar sobre tudo o que havia acontecido com ela e a amiga no seu tão amado Vale dos Sonhos. Pretendia descobrir como um local que a deixava tão feliz simplesmente tinha se transformado em um grande pesadelo. Sem fome para almoçar, a garota subiu ao quarto e logo fechou a porta. Queria refletir sobre toda aquela situação e descobrir o que estava acontecendo. "Preciso tentar entender por que eu e a Amanda fomos parar naquele lugar tão assustador. Geralmente, o que desejamos se torna realidade; então, por que tudo se transformou daquela maneira e não conseguimos desfazer?", indagava-se ela, deitada na cama e olhando para o teto.

Enquanto isso, na casa de Luciano, todos se preparavam para almoçar. Com uma bela lasanha e uma grande tigela de frango frito postas sobre a mesa, a mãe de Luciano, a senhora Regina Bernardes, convidava-os para se sentarem. Quem logo mais também viria para dar algumas explicações sobre espiritismo ao grupo era sua amiga Emília Gastardo. Assim como a mãe de Luciano, Emília possuía um considerável conhecimento sobre a doutrina espírita. Além de ter feito os cursos, ela trabalhava como auxiliar no atendimento fraterno às pessoas que seguiam à casa espírita que ambas frequentavam.

— Vamos lá, pessoal, o que estão esperando? Vamos, sentem-se — convidou a senhora Regina.

Apesar de morar apenas com o filho Luciano, uma vez que seu marido já tinha falecido havia alguns longos anos, a casa deles era relativamente grande; a mesa onde estava servido o almoço possuía lugar para acomodar até oito pessoas. Como estavam em cinco, contando a dona da casa, não teriam dificuldades para se acomodar. Assim que Luciano tomou a iniciativa, logo todos começaram a se sentar nos locais em que a senhora Regina havia colocado os pratos. Quando Felipe viu Luciano se sentar, quis se adiantar para se sentar ao lado dele e assim evitar ficar próximo de Jéssica. Como Tiago e Jéssica ainda permaneciam de pé, Felipe apressou-se em chamar o garoto para que se sentasse a seu lado. Contudo, astuta, a garota se colocou à frente dele e sem demora foi sentar-se. Sem graça, Felipe fez menção de levantar, mas, de maneira pouco sutil, Jéssica fez questão de lhe dar um grande aperto na perna para evitar que ele se levantasse.

Sem que ninguém visse o que a garota lhe havia feito, Felipe não viu alternativa e aceitou ficar por ali mesmo. Passando a mão na perna onde a garota havia apertado, sorriu sem graça e relanceou o olhar para a garota, que, maliciosamente, deu-lhe uma rápida piscada.

O almoço se iniciou e todos se esbaldaram com a deliciosa comida. Tiago era o que parecia mais esfomeado, pois, antes que todos terminassem o primeiro prato, ele já quase terminava o segundo. Todos estavam bastante à vontade, exceto Felipe, que não se conformava com Jéssica sentada a seu lado nem com as cotoveladas que recebia propositadamente. Contudo, já bastante incomodado com a perseguição da garota, decidiu revidar, tentando mostrar que não estava tão intimidado assim. Porém, irritada com a petulância de Felipe, ela, provando que o tinha em suas mãos, para se vingar, ergueu o braço para alcançar a tigela de salada e fez questão de esbarrar no copo de suco do garoto, derramando-o todo sobre seu colo.

— Ai, me desculpe — disse ela com cinismo, enquanto o garoto olhava para a calça toda molhada.

Sem graça com a situação, Felipe pegou alguns guardanapos para se limpar enquanto sorrateiramente a garota sorria com a situação.

— Quer que eu pegue um pano na cozinha para você se enxugar, Felipe? — indagou-lhe a senhora Regina.

— Não, está tudo bem. Só molhou um pouquinho — disse Felipe, tentando disfarçar a grande mancha que havia ficado em sua calça.

Terminado o almoço, a senhora Regina fez questão de lhes trazer uma bela sobremesa: uma musse de maracujá que havia feito. Enquanto o grupo se deliciava, ela aproveitou para lhes contar sobre sua surpresa quando o filho mencionara o tema escolhido para o trabalho e reiterou sua grande alegria por poder colaborar.

Seu interesse na doutrina espírita se iniciara logo após o falecimento do marido, que ocorrera havia mais de doze anos. Ele tinha sido vítima de um ataque do coração e sua partida fora muito inesperada, pois tinha uma boa saúde e praticava exercícios físicos com frequência. Tendo ficado bastante desolada com o ocorrido, a senhora Regina entrou em profunda depressão, até que sua amiga, Emília, convidou-a a participar de palestras no centro espírita que frequentava. Contou-lhes que logo no primeiro contato já teve melhoras significativas. E, à medida que prosseguia indo às palestras e tomando passes, foi também procurando conhecer melhor os fundamentos daqueles novos conceitos que eram apresentados a ela. Sua amiga emprestou-lhe dois livros que abordavam o assunto, sendo um deles *O Livro dos Espíritos*, conhecido por ser o primeiro livro formulado por Allan Kardec, o codificador da doutrina espírita.

Não tardou para que a busca da compreensão da vida após a morte começasse a lhe chamar a atenção, fato este que no ano seguinte a fez participar de um curso ministrado no próprio centro espírita que frequentava, e que abordava todos os conceitos e fundamentos em relação ao espiritismo — inclusive em relação aos contatos que alguns recebiam por intermédio de cartas de parentes já falecidos.

Muito entusiasmados com o que a senhora Regina lhes contava, todos ficaram bastante surpresos quando esta mencionou a bênção que tivera ao ser agraciada com uma carta, durante uma das sessões, contendo mensagem do próprio marido endereçada a ela. A senhora Regina explicou que foram cerca de seis meses indo às sessões de psicografia no centro espírita até que tivesse a oportunidade de receber a primeira carta. No total, foram três recebidas ao longo de dois anos.

— Assim que terminarem a sobremesa, eu lhes trarei para que possam vê-las.

— Puxa, que legal! Elas nos ajudarão bastante em nosso trabalho — considerou Tiago.

— É verdade. Vocês ficarão bastante surpresos com o conteúdo — explicou Luciano.

— Eu nem fazia ideia de que os mortos poderiam se comunicar, quanto mais escrever cartas — exclamou Felipe, surpreso.

— E não apenas escrever cartas, Felipe — falou a senhora Regina. — Não é só porque já desencarnaram, como falamos no espiritismo, que aqueles que já partiram deixam de nos acompanhar. Somos assistidos por eles, muito mais do que vocês podem imaginar.

— Sério que eles ficam nos observando? — espantou-se Felipe.

— Puxa, se é assim, então devem rir muito com a vida do Felipe, pois é cada coisa que acontece que dá até vergonha só de lembrar — divertiu-se Tiago, provocando a gargalhada de todos.

— Há, há... Não achei graça — discordou Felipe, sem graça.

13

Na casa de Tamara, esta lembrou-se de que os Sérferus sempre costumavam aparecer toda vez que ela ou a amiga Amanda não estavam muito bem e sentiam-se tristes. Logo, decidiu ligar para a amiga e lhe perguntar se esta estava triste com algo. Caso fosse verdade, talvez isso explicasse o porquê de o lugar estar daquele jeito.

— Oi, senhora Roseli, a Amanda está em casa?

— Olá. É a Tamara, não é? Espere só um minuto que vou chamar a Amanda.

Passados alguns minutos, a amiga pegou o telefone.

— Oi, Amanda. Como você está, amiga? Vi que não foi à escola.

— Oi, já estou me sentindo bem melhor. É minha mãe, que fica toda preocupada e não quis me deixar ir. Disse que eu deveria repousar pelo menos uns dois dias em casa. Coisas de mãe.

— Nem me fale, eu sei bem como é. Mas ela está certa, amiga. Você passou por um grande susto e faz bem em ficar alguns dias em casa. Depois você pega a matéria. Fora que apenas eu e você sabemos o que de fato aconteceu.

— Ai, nem me lembre. Ainda não entendi como tudo aquilo aconteceu.

— Pois é. E é justamente por isso que te liguei. Você se lembra da coincidência que existia: sempre que uma de nós estava triste, os Sérferus apareciam? — questionou-lhe Tamara.

— Sim, mas nunca havia ocorrido de o Vale dos Sonhos também ser afetado daquela forma. Parecia mais o Vale dos Pesadelos.

— Verdade. E é sobre isso que eu queria conversar. Por acaso você está, ou estava, chateada com algo, amiga?

Neste instante, Amanda ficou alguns segundos em silêncio. É verdade que se sentia triste por causa de tudo o que vinha ocorrendo entre a amizade delas, principalmente por causa do afastamento de Tamara devido à amizade com Jéssica. Porém, Amanda sentiu-se desconfortável para lhe expor seu descontentamento com tudo aquilo. O que ela mais queria era desabafar para a amiga o quanto aquela amizade com Jéssica a desagradava e prejudicava a amizade delas, mas no fundo sentiu não estar no direito de dizer o que Tamara deveria ou não fazer, pois sabia como era importante para a amiga ser aceita por outras pessoas. Tudo bem que ela não gostava de Jéssica e talvez mais adiante fosse se arrepender por não ter lhe dito, contudo considerou que caberia à amiga a escolha sobre quais amizades ela gostaria de ter. Agora já sabia o quanto a amizade delas era importante para Tamara após a amiga ter se arriscado ao ir até o Vale dos Sonhos para resgatá-la. Por isso, decidiu por ora omitir seu descontentamento.

— Eu, chateada? Que eu saiba, não... — disfarçou Amanda.

— Puxa, eu imaginei que pudesse ter sido isso — ficou sem entender Tamara.

— Bem, talvez seja você que esteja chateada com algo e não tenha percebido — incitou-lhe Amanda, procurando fazê-la ver se a amizade com Jéssica de fato não a estaria chateando.

— Eu, chateada? — indagou-se ela.

Após alguns instantes, Tamara considerou que talvez fosse verdade.

— Bom, confesso que realmente ando um pouco chateada com algo que a Jéssica me disse — lembrou-se.

Surpresa com a confissão da amiga, Amanda imaginou que ela enfim iria assumir o quanto aquela amizade entre ambas a entristecia. Porém, para sua decepção, Tamara logo esclareceu o motivo:

— Pensando aqui, agora que você falou foi que percebi que há algo que me entristeceu. Acontece que, há algum tempo, conversando com Jéssica, ela me disse que eu deveria me afastar do Fê.

— Quê? Do Felipe? — espantou-se Amanda.

— Pois é, eu também achei estranho. Ela me contou sobre uma menina que estaria interessada nele. Disse até que eles já estavam se envolvendo.

— O Fê, se envolvendo com alguma menina? Tem certeza de que ela estava falando do mesmo Felipe que a gente conhece?

— Sim. Eu sei que é ele porque ela me disse se tratar da mesma pessoa com quem ela já nos viu conversando no colégio.

— Não entendo. Se isso for mesmo verdade, o que tem conversarmos com o Fê? Por acaso essa garota é tão ciumenta assim? — estranhou Amanda.

— É exatamente isso. A Jéssica me disse que a menina interessada nele é uma pessoa bastante ciumenta e que não seria bom se ela me visse junto com ele — explicou Tamara.

"Puxa, mas que história mais estranha", pensou Amanda. E para a amiga falou:

— Bom, e você já chegou a perguntar para ele sobre essa história?

— Para ser sincera, não. Eu não quis ir até ele como quem fica cobrando explicações sobre sua vida. Apenas achei melhor me afastar até que ele próprio viesse dar alguma explicação.

— Entendo — concordou Amanda, ainda achando muito estranha toda aquela história. — Mas convenhamos que essa suposta garota que está interessada nele é muito esquisita, pois qualquer um que a veja perto do Fê logo percebe que vocês são apenas amigos.

Era verdade que Tamara estava acostumada a ver Felipe somente como amigo, mas descobrir que havia uma garota interessada nele, e ainda ser obrigada a afastar-se, a fizera perceber como aquilo a entristecia. E agora, conversando com Amanda sobre aquele assunto, logo reconheceu haver um sentimento que até então nunca havia cogitado.

— Isto! Somos apenas bons amigos. Não sei por que a menina teria motivos para ficar com algum ciúme — explicou-se Tamara. — Se me entristeci é somente porque gosto da amizade do Fê, nada mais. Bom, acabamos mudando de assunto. Mas, se for realmente por causa dos nossos sentimentos quando entramos no Vale dos Sonhos, isso explica, em parte, por que ele estava parecendo um grande pesadelo. Não entendi ainda o porquê de esta última vez ter sido tão diferente.

— Verdade. Confesso que senti muito medo — reconheceu Amanda. — Acho que até entendermos o que desencadeou tudo aquilo é melhor nós duas ficarmos sem entrar no Vale dos Sonhos. Desta vez, nós duas conseguimos voltar. Mas como saber se não poderia ter acontecido algo pior?

O Vale dos Sonhos era o verdadeiro lugar de refúgio de Tamara, e, com os últimos acontecimentos, ver-se agora obrigada a ficar longe de lá partia-lhe o coração. Ela não se conformava com como o lugar onde seu coração sentia-se tão feliz tinha se alterado de tal forma.

— Você está certa, amiga. É melhor ficarmos longe dele até entendermos o que houve de verdade — lamentou-se Tamara.

Ocorria que, enquanto o coração delas estivesse desolado e a mente envolta em sentimentos tristes, o local de sonhos ao qual ambas haviam se dirigido em desdobramento lhes estaria distante, pois, ainda que não soubesse o espírito, enquanto momentaneamente fora do corpo, este apenas seguia para locais com que as próprias emanações se equiparassem — ou seja, dirigia-se a uma região compatível com os sentimentos que as garotas manifestavam. Fazia-se necessária a compreensão sobre tais questões para que aquela situação pudesse ser contornada. Porém, como ambas tinham sido criadas com base apenas no catolicismo, tal conhecimento ainda se encontrava consideravelmente distante.

*

Já na casa da senhora Regina, e com a presença da amiga Emília Gastardo, que havia acabado de chegar, esta mostrava ao grupo as cartas que tinha recebido do marido já falecido.

— Desculpe perguntar, mas como a senhora tem certeza de que realmente são de seu marido? — quis saber Tiago, segurando uma das cartas.

— Eu também gostaria de saber, pois nunca tinha ouvido falar que os mortos pudessem escrever cartas — completou Jéssica.

— Bom, se você me permite, Regina, eu gostaria de primeiramente explicar a eles o que é de fato o espiritismo — tomou a palavra a senhora Emília.

— Antes, porém, eu os aconselho a anotarem tudo o que ela for falar e vocês acharem interessante, para incluir no trabalho — sugeriu a senhora Regina.

Pegando então o caderno, logo todos se colocaram a prestar atenção.

— Há cerca de 150 anos, na França, um senhor de nome Hippolyte Léon Denizard Rivail ficou sabendo sobre a existência de um fenômeno chamado "mesas girantes". Ocorria que naquela época muita gente estava encantada com esse fenômeno. Algumas pessoas se reuniam em torno de uma mesa e, colocando as mãos sobre ela, viam-na simplesmente se movimentar, chegando mesmo a levitar.

— Nossa! — espantou-se o grupo.

— Contudo — prosseguiu Emília —, para a maioria, aquilo era apenas diversão, pois não se preocupavam exatamente com os fenômenos que estavam por trás daquilo. Foi apenas o senhor Rivail, ao assistir o que acontecia, quem percebeu que aquilo era muito mais que pura e simples diversão. Fazia-se necessário estudar os fenômenos que provocavam aquilo. Ele logo começou a frequentar as reuniões para melhor estudá-las. Depois, percebendo que as mesas podiam responder com pancadas às perguntas que lhes eram feitas, passou a elaborar uma série de questões mais aprofundadas, organizando assim cuidadosamente as respostas que eram obtidas. No início, as respostas eram recebidas apenas com pancadas de sim ou não. Porém, também com um lápis preso a uma cesta, era possível obter respostas para diversas questões. As pessoas colocavam a cesta com o lápis preso a ela sobre um papel e as pontas dos dedos sobre ela, e, à medida que as perguntas eram feitas, as respostas iam sendo traçadas sem nenhuma influência dos que estavam com os dedos sobre a cesta. Analisando e estudando o material recebido, o senhor Rivail reconheceu que tais respostas eram transmitidas pelas almas daqueles que já haviam falecido, chamando-os assim de "espíritos", e utilizando também as palavras "morrer" e "desencarnar".

— Puxa, que legal! — espantou-se Felipe.

— Com o passar do tempo, o senhor Rivail conheceu algumas garotas que podiam escrever no papel respostas para as mais diferentes questões, sem precisar do uso de mesas ou cestas. Ele deu a essas pessoas que conseguiam captar e transmitir as respostas recebidas o nome de "médiuns", que vem de "mediar"; ou seja, eles eram os mediadores entre os mortos e os vivos. Bom, essas garotas apenas seguravam o lápis, concentravam-se e deixavam a mão escrever as respostas no papel, isso quando não o faziam respondendo às questões apenas falando. Então, elaborando questões sobre os mais diversos assuntos, o senhor Rivail começou a organizar as respostas que eram obtidas — comentou Emília.

— Mas como ele tinha certeza de que as respostas vinham dos mortos e não das próprias garotas que lhe respondiam? — quis saber Jéssica.

— Ótima pergunta, minha querida! Por meio de cuidadosas análises, ele fazia as mesmas questões a diferentes médiuns, além de verificar as respostas obtidas junto às pessoas que tinham convivido com aqueles que haviam falecido, para comparar a veracidade delas. Além disso, uma grande parte do que foi recebido a princípio veio por intermédio de garotas muito jovens. Imagine alguém lhe fazer uma pergunta muito complexa e você conseguir respondê-la tranquilamente, sendo que você nunca realizou nem se aprofundou em nenhum estudo para fazê-lo. Difícil, não é? — explicou. Depois prosseguiu: — Após reunir as perguntas obtidas em um primeiro livro, o senhor Hippolyte Rivail o lançou com o nome de *O Livro dos Espíritos* e, por orientação dos próprios espíritos, colocou como autor o nome de Allan Kardec. Foi ele quem, digamos, fundou o espiritismo, algo que logo no início acabou se espalhando pelo mundo e reunindo vários adeptos. E, correspondendo-se por carta com seus leitores, Allan Kardec descobriu que havia vários médiuns, inclusive fora do próprio país. A partir do momento em que iniciou os estudos do espiritismo, não parou mais de se aprofundar, tanto que, após o primeiro livro, dedicou-se a elaborar mais outras obras, todas abordando questões relacionadas à doutrina que ele havia formulado.

— Bom, agora que vocês já sabem um pouco sobre como se originou o espiritismo, deixem-me falar sobre as cartas psicografadas — prosseguiu a senhora Emília. — As cartas psicografadas nada mais são que as mensagens dos espíritos que já desencarnaram recebidas pelos médiuns. Os espíritos aproximam-se dos médiuns e transmitem-lhes suas mensagens, geralmente durante sessões em centros espíritas chamadas de sessões mediúnicas. São reuniões às quais pessoas que já perderam algum ente querido vão em busca de algumas respostas. Um ou mais médiuns sentam-se à mesa, concentram-se e começam a colocar no papel o que lhes é transmitido. Como vocês puderam ver nestas cartas recebidas por um médium e entregues à Regina, elas contêm diversos assuntos. Porém, na maioria das vezes, trazem mensagens para confortar a família, dizendo que o espírito desencarnado não está sofrendo, que sente saudades, que está se recuperando, ou então estudando; enfim, trazem um valioso conteúdo à família. E, sobre a questão de se o conteúdo é verdadeiro ou não, aí cabe inteiramente à própria família decidir. Porém, algo que se deve levar em consideração é que, em geral, em centros espíritas sérios o médium que escreve a mensagem recebida não possui nenhum contato ou informação a respeito do desencarnado ou da própria família, justamente para que se tenha maior confiança em seu trabalho e no conteúdo das cartas. Acaba ocorrendo que muitos que tinham dúvidas a respeito da vida após a morte, quando vêm ao centro espírita à procura de alguma resposta, espantam-se quando recebem uma carta contendo informações que apenas a família conhecia, muitas vezes descrevendo nomes de parentes que já desencarnaram, informações que o médium desconhecia, e inclusive mencionando nomes de parentes desencarnados há tanto tempo, que até mesmo a própria família nem se lembrava. Sem contar quando é descrito na carta como a pessoa desencarnou, ou então quando ela faz uma visita ao próprio familiar ainda vivo e descreve na carta exatamente o que a pessoa estava fazendo naquele dia. Ou ainda quando cita a existência de algum objeto guardado pelo desencarnado na própria casa, a respeito do qual a família não possuía conhecimento, e então, quando quem recebeu a mensagem chega em casa e verifica, tal coisa realmente existia e estava lá. Há casos também em que a carta é assinada com a própria assinatura do desencarnado. Enfim, as cartas costumam trazer informações muito particulares à própria família, informações que dificilmente alguém fora de seu convívio saberia dizer — concluiu a senhora Emília.

— Assim que eu recebi e vi pela primeira vez estas cartas, pude ter toda a certeza de que realmente eram de meu marido. Há nelas, inclusive, o local onde trocamos nosso primeiro beijo, algo que apenas nós dois sabíamos — finalizou a senhora Regina, para surpresa de todos.

14

No dia seguinte, na escola, disposta a acabar de vez com as chances de Felipe com Tamara, Jéssica decidiu aproveitar-se do que havia descoberto sobre o antigo interesse dela em relação a Nícolas. Como ela já conhecia o garoto, não foi difícil se aproximar dele na hora do intervalo ao vê-lo sozinho na fila da cantina.

— Oi, Nic, tudo bem? — aproximou-se ela, dando-lhe um beijo no rosto.

— Ah, oi, Jéssica. Tudo bem, e você? — retribuiu ele.

— Também! Puxa, que bom encontrá-lo por aqui; eu queria mesmo falar com você. Soube que você não está mais junto com a Bia.

— Pois é, já tem um tempo que não estamos juntos.

— Que bom, então! Sabe o que é? Eu tenho uma amiga que está caidinha por você. Como ela é muito tímida, vim aqui falar dela com você.

— Sério? E quem é? — quis saber Nícolas.

— Acho que você não a conhece, sabe? Ela tem quase a mesma idade que eu e posso lhe afirmar que é muito bonita. Por isso, pensei em aproveitar que conheço você para te apresentar a ela. O que acha? — questionou-lhe Jéssica.

— Bom, eu acho que conhecê-la não terá problema algum. É sempre bom fazer novas amizades.

— Puxa, que bom saber! Podemos combinar para hoje, após a escola, lá na praça do lago?

— Hoje? Bom, não sei... Eu já tinha combinado de me encontrar com alguns amigos.

— Ah, vai, por favor! Ela é muito tímida e tem que ser hoje, antes que ela perca a coragem. Vai, eu tenho certeza de que você não vai se arrepender — implorou Jéssica, fazendo cara de tristeza.

— Bom, está bem, então. Eu ligo e aviso o pessoal para remarcarmos.

— Eba! Então está combinado. A gente se encontra naquele primeiro banco próximo da cerejeira rosa, conhece?

— Conheço sim.

— Perfeito! Até mais — despediu-se Jéssica com um beijo no amigo.

O plano de Jéssica parecia estar dando certo, e levar Tamara até lá não seria problema. Bastava agora inventar algo para que Felipe também fosse ao lago e então visse a amiga com outro menino. Ela tinha certeza de que ver Tamara com outro faria Felipe esquecer a garota, deixando-o assim livre para que ela pudesse conquistá-lo. Em sua mente, Jéssica imaginava que era devido ao interesse por Tamara que Felipe não a namorava.

Assim que retornou à sala de aula, Jéssica foi logo para junto de Felipe a fim de seguir com seu plano.

— Oi, Felipe, será que podemos conversar?

— Ah, desculpe, Jéssica. Eu tenho umas coisas aqui para adiantar e também daqui a pouco a professora vai chegar — disse ele, tentando afastá-la.

— É rapidinho, por favor. Eu vim aqui como sua amiga. Só queria te falar sobre algo que sua amiga Tamara me contou — inventou ela.

— A Tamara, é? Bom, acho que tenho alguns minutos. O que foi?

— Sabe o que é? Estava conversando com a Tamara sobre sentimentos, e ela me confidenciou, já faz algum tempo, que está muito interessada em uma pessoa, mas que nunca se declarou, com medo de estragar a amizade. E me disse também que, toda vez que ela o vê, fica com muita vontade de se declarar.

— Hum, entendi. Bom para essa pessoa. Mas o que eu tenho a ver com isso?

— Bem, você sabe que nos tornamos grandes amigas, não é? E, como ela me conta tudo, acabei descobrindo que a pessoa por quem ela está interessada é você, Felipe.

— Ah, é? — espantou-se ele.

— Sim. E, como eu também sei do seu interesse por ela, vim aqui falar com você. Sei o quanto é difícil gostar de alguém e não poder ficar com essa pessoa. Por isso quis vir aqui para também pedir desculpas por tudo o que te fiz. Sei que começamos nossa amizade com o pé errado, mas eu queria muito me redimir ajudando você a ficar com ela. Como a Tamara tem vergonha e não quer correr o risco de estragar a amizade entre vocês, e eu quero muito ajudá-la, disse que falaria com você para marcarem um encontro.

— Um encontro? — surpreendeu-se Felipe.

— Isso. Ela quer te encontrar hoje lá na praça do lago depois da escola. Disse que ficaria esperando por você no primeiro banco, aquele próximo da cerejeira rosa, sabe qual é?

— Acho que sei.

— E então, você vai? Posso dizer a ela?

— Bem... — questionou-se ele sobre a veracidade daquilo.

— Ah, vai sim, Felipe. Deixe-me ajudar vocês a ficarem juntos. Tudo o que quero é ver meus amigos felizes. Eu vou lá avisar pra ela que você vai, está bem?

— Bom, então tá — concordou ele, ainda meio receoso.

— Que bom, tenho certeza de que ela vai ficar muito feliz. Vou avisar a Tamara agora mesmo! Ah, e não precisa chegar lá tão rápido. Eu vou ajudá-la a se maquiar, e sabe como essas coisas demoram um pouquinho.

Neste instante, Jéssica saiu da sala fingindo que realmente ia até a sala de Tamara marcar um encontro para ela e Felipe, sendo que na verdade ia avisar à amiga que gostaria de falar com ela após a aula. Ao chegar à porta da sala de Tamara e perceber que o professor já havia iniciado a aula, ficou de canto e, com um sinal, chamou pela amiga. Como de onde Tamara estava sentada era possível ver a porta, não foi difícil conseguir reconhecer a amiga lhe acenando. Com as mãos, ela fazia gestos avisando para Tamara que esta deveria esperá-la assim que a aula terminasse, para as duas conversarem, gestos estes que a garota logo compreendeu e, com um disfarçado sinal de positivo, para não atrapalhar a aula, confirmou que a esperaria, uma vez que sua outra amiga, Amanda, continuava de repouso e sem vir à escola.

— Pronto! Agora é só fazer o Felipe pegar a Tamara em um encontro com o Nícolas e o caminho estará livre para ele ser meu — riu Jéssica ansiosamente por ver que tudo saía como havia planejado, enquanto voltava para sua sala.

Algum tempo depois, terminada a aula, Jéssica então se apressou para encontrar Tamara, cuja aula também já havia terminado e que a aguardava para conversarem.

— Oi, amiga, o que houve? — quis saber Tamara ao vê-la.

— Então, amiga, eu queria muito conversar com alguém, sabe? Será que nós podemos ir até o lago?

Como a praça do lago não ficava muito distante da escola, e Tamara imaginou que a amiga precisasse mesmo conversar, ela logo concordou.

Chegando ao lago, Jéssica se dirigiu com Tamara ao local onde havia combinado tanto com Felipe quanto com Nícolas, que imaginavam estar prestes a encontrar ali uma garota disposta a desabafar seus íntimos sentimentos.

— Venha, vamos nos sentar aqui — disse Jéssica, apontando para o banco próximo à cerejeira rosa. — Ai, que bom que você veio, amiga. Como eu lhe contei no caminho, precisava muito conversar com alguém sobre essa pessoa que conheci, sabe? — começou a inventar, enrolando Tamara.

— Ah, você sabe que pode contar comigo, amiga. Para o que precisar — comentou Tamara, sem imaginar os verdadeiros planos de Jéssica.

— Puxa, muito obrigada! Você não imagina o quanto isso significa para mim — agradeceu ela, tentando enrolar a amiga até que visse Nícolas enfim chegar.

Como de onde elas estavam sentadas era possível ver ao longe aqueles que se aproximavam, não foi difícil reconhecer Nícolas chegando à praça.

— Amiga, me dá licença um pouco; acho que vi uma pessoa conhecida. Eu vou lá cumprimentá-la, e você me espera aqui um pouquinho? — inventou Jéssica, levantando-se e dirigindo-se a algumas árvores mais afastadas, enquanto Tamara a esperava.

Como não era muito longo o percurso de onde Jéssica tinha avistado Nícolas até o banco onde estavam sentadas, levou cerca de dois minutos para que o rapaz se aproximasse.

Ao ver Nícolas, Tamara ficou sem ação e bastante tímida, pois percebeu que o garoto vinha em sua direção.

— Oi. Você que é amiga da Jéssica? — questionou o rapaz, passando a mão nos cabelos.

— Sou sim — respondeu ela, sem graça e sem entender.

— Eu sou o Nícolas, será que posso me sentar? — indagou ele.

— Claro! Eu sou a Tamara — disse a garota, surpresa por ver o rapaz por quem nutria sentimentos vir puxar assunto.

— A Jéssica me falou sobre você. Eu pensei que ela estaria aqui também.

— E ela estava. Disse que ia cumprimentar uma pessoa e logo voltaria — explicou Tamara, ainda sem entender o que Nícolas fazia ali.

— Tudo bem. Ela me falou que você estuda lá na nossa escola, é isso?

— Sim! — respondeu Tamara, em êxtase por estar conversando com "seu" Nic.

A garota não se continha de emoção por estar ali sentada com ele, o garoto por quem seu coração parecia bater mais forte. E, a cada palavra que ambos trocavam, sentia como se vivesse um grande sonho.

Observando-os de longe, Jéssica, escondida atrás de uma árvore, parabenizava-se por ver que seu plano estava caminhando bem. Bastava agora somente Felipe chegar e ver os dois ali juntos como um verdadeiro casal em um encontro, fato este que algum tempo depois logo ocorreu. Ainda surpreso com o que Jéssica tinha lhe contado, porém com o coração acelerado de emoção por descobrir que a amiga

Tamara gostava dele, o rapaz seguia até o local combinado sentindo que enfim poderia declarar seus íntimos sentimentos. Com um largo sorriso em seu rosto, e a alguns metros de distância do banco, surpreendeu-se ao ver que a amiga não estava só, mas sim conversando alegremente com um rapaz. Escondendo-se com rapidez atrás de uma árvore para não ser visto por Tamara, sentiu o chão abrir sob os pés e seu coração despedaçar-se ao perceber que se tratava de Nícolas, o rapaz de quem ele já sabia que Tamara gostava.

— O quê? Mas como pode isto? — indagou-se Felipe, observando a amiga.

Ela e Nícolas pareciam estar se dando muito bem, pois após algum tempo de conversa começou a surgir um riso ou outro em meio ao descontraído bate-papo.

Bastaram apenas alguns minutos para que Nícolas logo se encantasse com o jeito espontâneo e cativante de Tamara, que, apesar de toda sua timidez em relação ao rapaz, também não demorou a sentir-se à vontade com o garoto. Seu modo simples de falar e a forma como mexia nos cabelos toda vez que sorria encantaram a garota, que não tardou em esquecer que a amiga Jéssica estava lá no lago junto com ela.

Porém, observando-os devidamente escondida atrás de uma árvore, Jéssica gargalhava de alegria por ver que seus planos haviam dado certo. Acompanhando o casal com atenção, também viu quando Felipe chegou e se escondeu atrás de uma árvore para não ser visto por Tamara.

— Isso, as coisas saíram exatamente como eu queria. Pela cara de desânimo de Felipe, tenho certeza de que, depois de hoje, ao ver sua tão desejada Tamara em um encontro, ele vai tirá-la rapidamente e de uma vez por todas de sua mente. E o caminho estará livre para que eu possa enfim conquistá-lo — gargalhava Jéssica.

"Puxa, eu não posso acreditar no que estou vendo", pensava Felipe, inconformado. "Só porque acreditei que enfim poderia dizer a Tamara tudo o que sinto, me deparo com ela em um encontro com este Nícolas. E eu que pensava que um dia poderíamos ficar juntos... Ai, como fui tolo."

Enquanto Felipe era só tristeza, Nícolas e Tamara eram somente alegria. Após Tamara contar ao rapaz um pouco sobre sua vida e o que gostava de fazer, ele lhe contou sobre seu grande interesse por esportes, principalmente o futebol, e sua paixão pela música. Além de saber tocar muito bem violão, ele também gostava de compor algumas melodias. Já possuía várias que havia escrito e, no tempo vago, aproveitava para tocar junto de alguns amigos.

— Sério? Que legal! — surpreendeu-se Tamara.

— Pois é. A música é algo que desde pequeno me atrai, sabe? E, como também sempre gostei de escrever algumas poesias, aproveitava algumas frases e colocava em minhas melodias.

— Uau! Você também escreve poesias?

— Algumas coisinhas. Depende muito da inspiração. Gosto de expressar tanto nas poesias quanto nas músicas o que eu sinto no coração — comentou ele, enquanto Tamara ficava admirando-o e sorrindo.

— Olha, quer saber? Eu fiquei muito feliz por ter te conhecido, viu, Tamara? Você, além de linda, é uma pessoa muito simpática — elogiou Nícolas. — Só queria saber onde você estava todo esse tempo para não ter te encontrado antes.

Sem graça, Tamara sorriu, desconcertada, para em seguida dizer-lhe que ele é que era muito simpático e tinha inúmeras qualidades.

— Inúmeras qualidades... — desdenhou Felipe, ouvindo o bate-papo. — Ah, quer saber? Eu vou é embora daqui. Chega de ficar ouvindo esta baboseira — entristeceu-se Felipe. Virou-se e foi embora.

— Consegui! Há, há, há. O Felipe foi embora todo tristinho por causa de sua amiguinha Tamara, e agora o caminho está livre para mim — ria Jéssica, toda feliz com a situação.

15

Triste, desconsolado e de coração partido por ver Tamara com outro rapaz, Felipe decidiu abandonar de vez a esperança de um dia poder se declarar à amiga. Não queria mais ficar alimentando aquele sentimento porque, enquanto observava a amiga com Nícolas, percebeu o quanto aquilo o machucava.

Enquanto isso, Jéssica também ia embora, deixando o local escondida, pois, como seu plano havia funcionado, agora era hora de elaborar uma forma de consolar o coração de Felipe e assim ir se aproximando dele.

Nos dias que se seguiram, Jéssica mudou por completo a maneira como tratava Felipe. Após questioná-lo sobre se o encontro dele com Tamara havia dado certo e ouvir do rapaz que não queria conversar sobre aquilo, passou a tratá-lo com bastante carinho. Quando chegava à sala de aula, fazia questão de lhe dizer oi com um largo sorriso, ou então, durante os intervalos, procurava se mostrar preocupada, dando-lhe atenção por vê-lo sempre sozinho e emburrado. Seguindo com os planos para tentar conquistá-lo, ela queria mostrar-lhe que era uma ótima pessoa e também colocar-se à disposição para que Felipe soubesse que poderia contar com ela.

Outro par que também havia se aproximado nos dias que se seguiram foi Tamara e Nícolas. Durante os intervalos das aulas, começaram a permanecer juntos. Sentados em algum dos bancos, tomavam seu lanche enquanto conversavam e se divertiam. Nícolas estava encantado com o jeito alegre e simpático de Tamara, tanto que, em dado momento de uma conversa, acabou até deixando escapar que gostava dela — fato que deixou Tamara envergonhada, pois até então nunca havia sido elogiada por um garoto daquela forma. Era certo que ela gostava, e muito, de Nícolas, mas jamais tinha esperado que ele também sentisse algo por ela. Bastante respeitoso, o garoto procurava ser o menos inconveniente possível, tanto que apenas no terceiro dia em que estavam se conhecendo foi que tomou a iniciativa de segurar na mão dela, fazendo Tamara corar e seu coração acelerar.

Quem não estava contente com aquela aproximação de Nícolas era sua antiga namorada, Bianca, pois ainda nutria um forte sentimento pelo rapaz e não se conformava com o término do relacionamento.

— O quê? Como ele pode ficar ali de bate-papo com aquela garota sem graça? Ah, mas isto não vai ficar assim — enfureceu-se Bianca, dirigindo-se até eles. — Oi, Nícolas, tudo bem? — cumprimentou ela, esnobando Tamara.

— Ah, oi, Bia, tudo bem sim.

— Puxa, que bom. Queria muito falar com você; é possível?

— Bem, é que agora estou um pouco ocupado — disse ele, dando um leve sorriso para Tamara.

— É que é importante — insistiu ela, procurando afastá-lo da garota.

— Tudo bem, então, pode dizer.

— Se não se importa, queria conversar somente com você.

— Olha, me desculpe, Bia, mas, se tem algo importante a me dizer, então fale, porque não pretendo sair daqui.

Bastante revoltada por não ter sido atendida e ainda ter de vê-lo segurando a mão de Tamara, Bianca respirou fundo e, esboçando um sorriso sem graça, decidiu contar-lhe o que de fato queria:

— É que neste final de semana será a minha festa de aniversário e eu queria muito que você fosse.

— Puxa, neste final de semana? É que eu já tinha planos, sabe? — explicou o rapaz, referindo-se ao encontro que havia combinado com Tamara.

— Ah, por favor. Será a partir das dezenove horas, e eu ficaria muito feliz com sua presença — disse ela, segurando a mão livre do rapaz, enquanto Tamara, constrangida, virava o rosto e olhava para o chão.

— Bem... tudo bem, então, eu irei — respondeu ele, sem jeito.

— Ai, puxa, que legal! Você não vai se arrepender. Até lá, então — disse ela, dando-lhe uma piscada e saindo.

— Desculpe por isto — solicitou Nícolas a Tamara.

— Não, imagine, está tudo bem — comentou a garota com o semblante triste, pois aquele seria o primeiro final de semana em que iriam sair. Nícolas havia convidado Tamara para ir com ele ao cinema, e esta tinha aceitado prontamente.

— Mas não se preocupe; isso não vai estragar nosso final de semana. Tenho uma ideia — falou ele sorrindo, enquanto passava a mão nos cabelos de Tamara.

Quando chegou o final de semana, logo após o almoço, Felipe foi até a casa de Amanda para conversarem. Como a garota havia ficado a semana inteira em casa repousando, por conselho do próprio médico, ela queria se atualizar sobre os últimos fatos da escola, e principalmente tentar entender os motivos de sua amiga Tamara não ter lhe telefonado nos últimos dias.

Bastante desanimado em tocar no assunto "Tamara e Nícolas", Felipe não conseguiu esconder a desilusão, mas Amanda o pressionou:

— Anda, vai, me conta exatamente por que você está com esta cara de cão sem dono. O que houve?

Após alguns longos suspiros, o garoto então abriu o jogo e contou sobre o encontro de Tamara e Nícolas, além dos constantes encontros entre eles também na escola.

— Puxa, isso é sério? Estou passada — espantou-se Amanda. — Estamos falando daquele Nícolas, o Nic que a Tamara não tirava da cabeça? Quem diria que um dia a Tamara iria conseguir ter um encontro com ele?

— Pois é... — desabafou Felipe.

Ele estava tão desconsolado por ver Tamara com outro rapaz, que até havia desistido de mencionar o que tinha descoberto sobre as intenções de Jéssica, quando ouvira esta dizer que a amiga deveria se afastar dele, ou sobre as chantagens que a garota vinha lhe fazendo. Como Tamara já estava se relacionando com Nícolas, e naturalmente parecia ter se afastado dos amigos, considerou que agora aquilo pouco importava. Além do mais, todo aquele asco que Felipe sentia por Jéssica devido às coisas que ela tinha feito acabara perdendo a força, pois, a seu ver, Jéssica havia se arrependido de seus atos e estava disposta a mudar seu comportamento.

— Então foi por isso que ela sumiu e não me ligou. Estava de namorico com o Nícolas. De qualquer forma, isto ainda me parece muito estranho... Esse encontro deles lá no lago ainda não me convenceu. Mas e aquela tal de Jéssica?

— O que tem ela? — questionou Felipe.

— Ah, antes a Tamara não desgrudava dessa garota. E agora? Você sabe se elas ainda continuam se falando?

— Para ser sincero, eu não sei, não. Mas acho que desde que Tamara começou a ficar grudada naquele Nícolas elas não têm mais ficado juntas. Pelo menos, não vi mais.

— Hum, isso também é muito estranho. Uma garota tão possessiva quanto aquela não ficaria indiferente a algo assim — desconfiou Amanda.

— Também, o que importa agora? A Tamara já não parece mais ser a mesma. E, se ela está agindo assim, é porque quer — desdenhou Felipe.

— Ah, não fique assim, Felipe; deixe a Tamara ser feliz. Vamos ver aonde vai dar tudo isso. Mas me conta: que livros são estes que você tem aí?

— Acho que você está certa — suspirou profundamente o garoto. — Eles são sobre o tema do nosso trabalho da escola: Espiritismo.

— Puxa, que interessante! Deixa eu ver — pediu Amanda, pegando um dos livros de Felipe, que estava sentado em sua cama, com os livros ao lado dele.

— *O Livro dos Espíritos...* Do que se trata?

— Bem, é meio difícil de explicar para quem nunca ouviu falar sobre o assunto. Mas ele aborda várias questões a respeito da vida após a morte.

— Sério? Deve ser bastante interessante. Ele fala em anjos ou demônios? — perguntou a garota, empolgada.

— Bom, ainda não li o livro inteiro, mas, até onde sei, isso de anjos ou demônios não existe. Na verdade, segundo o que dizem os seguidores dessa religião, as pessoas, depois que morrem, continuam as mesmas, apenas não têm mais o corpo.

— Eita! Elas viram fantasmas? — comentou Amanda, dando uma gargalhada.

— Esse é um assunto bastante sério, sabia? Após ler um pouco, você começa a obter respostas para várias coisas. Você sabia que os mortos podem se comunicar por carta? Eu fui à casa do Luciano, e acredita que a mãe dele tem lá uma carta do marido que já faleceu?

— Nossa! — surpreendeu-se Amanda. — Mas, se ele já morreu, quem escreveu a carta? O fantasma do marido?

— Foram pessoas mesmo. Pelo que li, são chamados de médiuns.

— Hum, que legal! Deve ser um assunto bem interessante. Empresta pra mim este livro depois que você terminar de ler?

— Claro. Eu o comprei por causa do trabalho. Além do mais, já passei da metade e em mais uns dois dias acho que termino.

Na casa de Tamara, esta, radiante, arrumava-se para sair.

*

— Ih, já sei que tem homem na parada. Para a Tamy estar se vestindo assim, toda emperiquitada, só pode ser — brincou Fabrício.

— Ai, Binho, deixa sua irmã — pediu a senhora Cecília, arrumando a mesa para o jantar.

— Sua mãe tem razão; sua irmã já é uma mocinha e faz muito bem em começar a namorar — concordou o senhor Maurício.

— E vocês por acaso já conhecem ele? — questionou Fabrício, todo curioso.

— Ainda não, mas ele virá aqui em casa se apresentar antes de sair com sua irmã — admirou-se a senhora Cecília.

Fora ideia do próprio Nícolas passar na casa dos pais de Tamara antes de eles saírem. O rapaz fazia questão de demonstrar à família dela o quanto ele era uma pessoa de bom caráter.

Assim, pontualmente, Nícolas chegou à casa de Tamara. De cabelos bem penteados e com um leve toque de gel, vestindo calças jeans, uma camisa social de cor grafite, bastante perfumado e com um simpático sorriso no rosto, o garoto tocou a campainha.

— Deixa que eu atendo! — gritou Tamara, correndo para a porta.

Com uma caixa de bombons em uma das mãos e um buquê de flores na outra, Nícolas esperava causar uma boa impressão apresentando-se aos pais de Tamara.

— Oi, Tamara! — cumprimentou ele, piscando para a garota.

— Oi, Nícolas! — sorriu Tamara, logo se espantando com as flores.

— Antes de mais nada, gostaria de dizer o quanto você está linda!

Tamara estava com um delicado vestido de comprimento um pouco acima dos joelhos, em tons de azul-claro e com algumas rendas bordadas próximo do busto. Usava um conjunto de brincos e uma gargantilha que havia ganhado de uma tia em seu último aniversário.

— Obrigada! Você também está muito bem — retribuiu ela, timidamente.

— Trouxe estes chocolates para você; espero que goste! Já as flores, se não se importa, são para a sua mãe.

— Puxa, não precisava ter se incomodado. Muito obrigada pelo chocolate. Tenho certeza de que minha mãe vai adorar as flores. Mas venha, entre! Esta é minha mãe — apresentou Tamara.

— Muito prazer, senhora Cecília! Eu lhe trouxe estas flores, espero que goste.

— Mas o que é isso, Nícolas? Não precisava. São lindas, obrigada! — agradeceu ela, dando-lhe um abraço.

— Este é meu pai — apresentou-o. — E aquele ali é meu irmão — falou, apontando para Fabrício, que da porta da cozinha apenas acenou para Nícolas.

— Mas sente-se e fique à vontade. Tamara me disse que vocês vão sair. Que pena não poder ficar para jantar conosco — comentou a senhora Cecília.

— É verdade, uma pena mesmo. Mas hoje eu tenho que comparecer a um lugar e gostaria muito de levar sua filha comigo — explicou Nícolas.

Tratava-se da festa de aniversário de Bianca. Como a garota praticamente implorara para que ele fosse, e Nícolas já havia combinado de sair com Tamara, ele apenas quis aproveitar a oportunidade, já que a casa dela não ficava muito longe dali e ela não havia comentado nada sobre ser proibido levar alguém. Após cerca de uns quinze minutos de uma conversa descontraída entre Nícolas e os pais de Tamara, falando um pouco sobre sua vida e explicando aonde pretendia levar a garota, eles se despediram e pegaram um táxi até a festa da Bia — não sem antes Nícolas lhes garantir que a filha deles ficaria em boas mãos e que voltariam antes da meia-noite. Como era pouco mais de dezenove horas, teriam bastante tempo para aproveitar a festa.

Cerca de vinte minutos depois chegaram à casa de Bianca. Tratava-se de uma residência bem ampla em um bairro nobre da cidade. A casa dela poderia acomodar facilmente mais de cinquenta pessoas, e, pelas inúmeras vozes que era possível ouvir da calçada, deduziram que vários convidados já haviam chegado.

— Puxa, a festa já parece estar bastante animada — surpreendeu-se Tamara.

— É verdade! — concordou Nícolas, tocando a campainha.

Poucos instantes depois, foram recepcionados pela própria anfitriã, que se surpreendeu ao abrir a porta.

— Oi, Nícolas! Ah, ela veio, é? — comentou Bianca, medindo Tamara de cima a baixo.

— Sim, ela está me acompanhando — explicou o garoto, sorrindo e colocando o braço sobre os ombros de Tamara.

Bastante sem graça pela nítida desaprovação da garota ao vê-la, Tamara passou a mão nos cabelos enquanto procurava não encará-la.

— Pensei que você viria sozinho — desdenhou a garota.

— E tem algum problema? Se tiver, podemos ir embora — retrucou o rapaz.

Como ter a presença de Nícolas em sua festa era muito mais importante do que vê-lo acompanhado por Tamara, Bianca decidiu por ora engolir o orgulho e aceitá-la ali.

— Não, tudo bem. Entrem! — convidou ela, sorrindo para o garoto e, sem que este percebesse, lançando um olhar de reprovação e raiva a Tamara. "Ainda não acredito que ele trouxe *estazinha* a tiracolo. Só porque eu tinha feito planos com Nícolas para esta noite... Mas isso não vai ficar assim. Não vou deixar que ela estrague os meus planos", pensava Bianca, já planejando o que faria.

16

Enquanto Nícolas e Tamara tinham seu primeiro encontro, Jéssica e Felipe também pareciam se acertar. Após ter passado praticamente a semana inteira tentando se aproximar de Felipe e fazendo de tudo para que ele a visse como uma garota legal, Jéssica enfim o havia convencido a acompanhá-la ao cinema. Estava passando um filme a que o garoto queria muito assistir, mas, como não tinha companhia, ele acabou aceitando a carona e o convite de Jéssica.

Mesmo tendo aceitado ir com ela, Felipe não estava muito confortável com a situação. Para ele, ver o filme era a única coisa que importava, tanto que, se pudesse, iria direto ao cinema e em seguida já retornaria para casa. Mas, precavida que era, ao chegarem ao *shopping* por volta das dezenove horas, Jéssica acabou convencendo-o de que ela ainda precisaria comer algo, uma vez que não tinha jantado em casa, obrigando-os assim a assistirem apenas à sessão que começaria às 21 horas — tudo isso para que ela pudesse ficar o máximo de tempo possível com Felipe.

— Venha, Felipe, vamos comer ali — convidou Jéssica puxando-o para um restaurante de lanches rápidos.

— Não, pode ir você. Já jantei antes de vir — respondeu o garoto, desanimado.

— Ah, o que é isso? Assim não vai ter graça; venha comigo. Nem que seja para você comer apenas uma porção de batatas fritas.

Vendo a cara de coitada da garota e considerando que a sugestão não era em si má ideia, Felipe, mesmo a contragosto, acabou aceitando.

Os planos de Jéssica pareciam novamente estar saindo como ela havia planejado. Tinha conseguido afastar Amanda e Felipe de Tamara, e em seguida aproximá-la de Nícolas. Agora, tinha o garoto bem onde ela queria.

Na festa de Bianca, Nícolas tentava aproveitar o momento para se divertir com Tamara. Como a data de aniversário de Bianca havia caído no dia anterior, ela e seus pais já tinham ido jantar em um restaurante para comemorar. Por isso, a pedido da filha, os pais foram passar o final de semana em uma casa de campo, deixando assim a casa apenas para ela e seus convidados. Como os pais de Bianca eram de classe alta, e, mesmo com a crise financeira pela qual vinha passando devido ao cargo como diretor de um hospital do bairro, o pai conseguira juntar muitos bens para manter alguns empregados, eram estes que ficariam encarregados de servir todos os convidados.

— Puxa, ainda estou surpresa com o tamanho desta casa e a quantidade de pessoas que vieram — comentava Tamara, enquanto bebia o refrigerante que Nícolas havia lhe trazido.

— É verdade. Na época em que eu e Bianca éramos mais próximos, e eu frequentava esta casa, também me admirava com o tamanho.

Nícolas só havia levado Tamara à festa de Bianca após ela afirmar que estaria tudo bem, pois como tinha tido um relacionamento com a aniversariante no passado, ele não queria que a garota se sentisse ofendida por irem à casa de sua ex-namorada.

Apesar de também estar se divertindo entre os convidados, Bianca não tirava os olhos de Nícolas e Tamara. Ver seu ex-namorado com outra garota, ainda mais Tamara, alguém por quem Bianca sempre tivera uma leve repulsa, deixava-a totalmente inconformada. Logo, precisava dar um jeito de separá-los e assim conseguir ter um momento a sós com Nícolas.

Com o pretexto de que seu pai havia feito uma grande reforma no quarto de jogos, local da casa preferido por Nícolas no tempo em que eram namorados, e após repetir a cara de tristeza que sempre fazia quando queria algo de Nícolas, a garota enfim conseguiu que este a acompanhasse. Alegando que o amigo ali junto dela, de nome Rafael, era muito tímido e ela não queria deixá-lo sozinho, sugeriu que ele ficasse por uns minutos com Tamara, já que este possuía uma pequena deficiência na perna, que lhe dificultava subir escadas, e não poderia acompanhá-los até o quarto de jogos, sendo localizado este no andar superior.

— Tudo bem, Nícolas, pode ir. Vou ficar bem — garantiu Tamara, mesmo com uma leve tristeza no coração.

— Então está certo. Prometo que não demoro — disse o rapaz, dando um leve beijo no rosto de Tamara, para desgosto de Bianca.

Desde pequeno, Nícolas era fissurado por *games*. Em sua casa tinha vários jogos, mas nada comparado à coleção de Bianca. Aquele quarto havia sido montado especialmente para o afilhado dos pais de Bia, chamado Gustavo. Como o pai da garota, o senhor Laerte, possuía um carinho muito especial pelo garoto, tendo este cerca de três anos a menos que Bianca, eles mantinham aquele quarto montado para ele brincar sempre que os visitava. Isso ocorria pelo menos uma vez a cada mês, já que a cidade em que Gustavo e seus pais moravam era relativamente próxima dali.

Enquanto Tamara, meio sem jeito, ficava conversando com o amigo de Bianca, esta se aproveitava do momento com Nícolas no quarto de jogos procurando relembrá-lo do passado e dos bons momentos que haviam passado juntos.

— Você se lembra de quando vinha aqui em casa? A gente se divertia tanto!

— É verdade! — comentou o rapaz, admirado com como o local havia ficado bonito e ainda mais espaçoso. Além da ampla TV instalada na parede especialmente para os jogos de videogame e das cadeiras acolchoadas para os jogadores, também havia um fliperama com centenas de jogos, um pebolim, uma minicesta de basquete, brinquedos diversos e várias outras coisas divertidas espalhadas por todo lado.

— Puxa, vocês capricharam! Está muito melhor do que eu me lembrava.

— Ficou bem legal mesmo. Meu pai resolveu derrubar a parede que separava um dos quartos que não usávamos e fez esta ampliação — esnobou a garota. — Venha, sente-se aqui neste sofá-cama. Olhe como ele é macio — indicou, chamando-o para se sentar ao lado dela.

Como Nícolas estava muito encantado com tudo o que via, não percebeu as reais intenções de Bianca e logo se sentou.

— Espere, deixe-me puxar esta alavanca para você ver — e logo o sofá virou uma cama. — Agora deite-se que vou apagar as luzes para você ver que legal ficou o teto — solicitou a garota.

Quando Bianca apagou a luz do quarto e acendeu uma série de pequenas luminárias cuidadosamente embutidas nas paredes, o garoto ficou ainda mais espantado. Com o quarto totalmente escuro, projetadas no teto podiam se ver claramente as estrelas e constelações. Para completar, em algumas caixas de som podiam-se ouvir diversos ruídos que pareciam transportá-los para as estrelas — tudo cuidadosamente preparado para agradar ao afilhado do senhor Laerte, que adorava tudo o que se relacionava ao espaço.

— Uau! Que legal! — sorriu o garoto deitado na cama enquanto olhava para o teto.

Aproveitando-se do momento de distração, Bianca deitou-se ao lado de Nícolas, tentando reaproximar-se do garoto.

— Você reconhece que estrela é aquela ali? — apontou a garota.

— Puxa, não acredito. É a estrela de Sirius — espantou-se Nícolas.

Ambos conheciam um pouco sobre as estrelas e constelações porque, durante uma viagem que tinham feito na época em que eram namorados, haviam tido a oportunidade de visitar um grande observatório.

— É linda, não é? E você se lembra da viagem que fizemos ao observatório? A gente se divertiu tanto — lembrou a garota, deitando-se de lado e colocando a mão sobre o peito do rapaz.

— Lembro sim... foi muito bacana.

— Foi naquela mesma noite, enquanto estávamos deitados na grama e observando o céu, que vimos esta estrela e fizemos nossas juras de amor — comentou Bianca, aproximando-se do rapaz e deitando a cabeça em seu peito. — Estávamos tão felizes.

Após alguns instantes e crendo que seu plano de retomar o amor de Nícolas estava dando certo, Bianca levantou o rosto e, com um olhar apaixonado, começou a encará-lo para, em seguida, enfim tentar beijá-lo.

Enquanto isso, no andar de baixo, esperando pelo retorno de Nícolas, Tamara presenciou uma discussão entre dois convidados bastante exaltados — discussão esta já premeditadamente combinada com Bianca. Eles haviam aceitado ajudá-la com seu plano após ela permitir que entrassem em sua casa com bebidas alcoólicas. Parecendo bastante alterados por causa da bebida, os dois começaram a se empurrar por causa de uma garota que estava na festa. Ambos trocavam insultos enquanto um dos funcionários tentava apaziguar os ânimos. Como os rapazes não estavam sozinhos e haviam vindo em dois grupos diferentes, logo chegaram alguns amigos de cada um deles para evitar que o funcionário os colocasse para fora.

Com isso, acabou-se criando uma pequena confusão e não demorou para que os rapazes passassem a se empurrar com mais violência, para desespero dos outros convidados e de Tamara, que, com o empurra-empurra, acabou sendo jogada ao chão por um dos rapazes. Não bastasse, o copo de bebida do moço acabou caindo sobre o vestido dela, deixando-a completamente molhada. Para piorar a situação, ao tentar se levantar, o rapaz rasgou uma das alças do vestido de Tamara, quase deixando-a exposta, além de bastante constrangida.

Enquanto alguns tentavam apartar a situação, outros, que haviam ingerido as bebidas alcoólicas levadas pelos rapazes, começaram a rir da situação toda, principalmente do estado em que se encontrava Tamara. Bastante assustada, a garota não se conteve diante dos olhares que recebia e começou a chorar. Sentindo-se acuada e bastante triste, acabou não aguentando as gozações e decidiu fugir da festa.

Com lágrimas nos olhos e correndo pela rua, Tamara tropeçou por causa do salto que havia colocado e caiu no chão, próximo ao gramado de um antigo casarão. Desolada por seu encontro com Nícolas ter terminado daquela maneira, e ainda tentando controlar seu estado emocional, avistou algo que lhe chamou a atenção. Enxugando as lágrimas para tentar enxergar melhor o que de fato era aquela estranha movimentação que via perto do casarão, logo percebeu tratar-se de alguém que ela conhecia muito bem. Era ninguém menos que um Sérferus.

— O quê? Mas como? — indagou-se aflita, antes de se preparar para sair correndo.

Contudo, diferentemente das características tão assustadoras que ela conhecia muito bem daqueles seres, o que circulava próximo ao casarão trazia traços menos disformes e não possuía uma espécie de nuvem negra a lhe cercar. Este dava a impressão de estar apenas confuso, como se algo o incomodasse. Aquela era a primeira vez que Tamara conseguia ver um Sérferus sem estar no Vale dos Sonhos, e, apesar de assustada, havia algo ali que a mantinha tranquila. Era como se ele não quisesse pegá-la como os outros; como se não precisasse sair correndo.

Esfregando os olhos para ter certeza do que realmente via ali diante dela, percebeu, quase imersa em total escuridão, porém levemente visível graças ao brilho vindo da lua, uma silhueta que parecia estar andando de um lado para o outro no jardim do casarão. E não apenas sua presença, mas também o som de sua voz era perceptível a Tamara. Pareciam lamentos.

O medo inicial de Tamara acabou transformando-se em piedade. Ver aquele ser naquela total angústia a fez sentir pena e querer ajudá-lo. "Devo estar ficando maluca", pensou ela, reunindo forças para se aproximar dele.

Após tudo o que os Sérferus haviam causado a ela e a sua amiga Amanda, o mais comum ali seria Tamara virar as costas e sair correndo, assustada. Porém, naquela noite, o receio tinha simplesmente desaparecido, e uma forte sensação, como se alguém lhe desse forças, a impulsionava a seguir até ele. Respirando fundo, a garota tirou os sapatos de salto para caminhar no jardim que ficava em frente ao casarão, indo em sua direção. À medida que dava passos até o local, mentalmente procurava orar a Deus para que nada de ruim lhe acontecesse. Parecendo não perceber ou não se importar com a aproximação da garota, o estranho ser prosseguia movimentando-se de um lado para o outro, como se procurasse algo, enquanto pronunciava seus lamentos.

Quando enfim chegou a cerca de três metros de distância, procurando não atormentá-lo, Tamara lhe disse um breve olá. Como não obteve resposta, deu mais dois passos e tentou mais uma vez:

— Oi, desculpe se estou incomodando; queria apenas saber se precisa de alguma ajuda — falou de modo amistoso.

Assim que a garota falou pela segunda vez, parecia enfim ter conseguido chamar a atenção do estranho ser, pois este subitamente parou de se movimentar, e, ao virar o rosto para Tamara, esta acabou assustando-se com o semblante que viu.

O Sérferus, parecendo espantado por Tamará ter falado com ele, fez algo que a surpreendeu: começou a chorar. Sem saber como reagir, Tamara quis se aproximar um pouco mais. Contudo, para seu espanto, ele desapareceu, deixando-a completamente sem ação. Por um breve momento, indagou-se se tudo aquilo não havia sido apenas fruto de sua imaginação.

— Olá? Tem alguém aí? — perguntou, olhando ao redor.

— Acho que devo estar ficando maluca mesmo. Talvez seja

melhor eu ir para casa — falou, tentando convencer-se de que nada daquilo havia mesmo acontecido, enquanto se recompunha para pegar um táxi de volta para casa.

Distante dali, na saída do cinema do *shopping*, após verem o filme a que Felipe tanto queria assistir, ele e Jéssica comentavam empolgados sobre as grandes cenas de luta e perseguição.

— Nossa! Muito boa aquela parte que ele salta do carro em movimento — comentou Felipe, ainda exaltado com toda a emoção.

— É verdade! E aquela hora que ele derruba três com um único chute? Demais! — emendou Jéssica.

Fazendo gestos com as mãos, Felipe tentava copiar o que tinha visto no filme, enquanto Jéssica gargalhava e repetia também, reproduzindo inclusive os sons. Logo, o garoto começou a ter outra impressão dela. Ali, gesticulando e ainda compartilhando com ele da emoção, a imagem daquela garota metida e antipática começou a dar lugar a alguém completamente diferente, fazendo-o considerar que no fundo talvez ela fosse uma menina bastante legal, independentemente dos fatos que haviam acontecido. Além de se desculpar por tudo o que tinha feito, nos últimos dias ainda demonstrara ser uma pessoa muito mais gentil e amistosa.

— Acho que me enganei em relação a você. Até que você é uma pessoa muito bacana — comentou Felipe, convidando-a para repetirem outras vezes passeios como aquele.

— Ah, obrigada! Você que é muito gentil! Claro, vamos repetir, sim, com toda a certeza — respondeu prontamente a garota.

Feliz da vida por ver seus planos de conquistar Felipe dando certo, se pudesse, Jéssica daria pulos de alegria. "Isso! Logo, logo você será meu", parabenizava-se ela em pensamento, sem que o garoto imaginasse que havia sido ela a grande responsável por juntar Tamara e Nícolas.

17

Após ter tentado se enxugar com alguns pedaços de papel que carregava na bolsa, Tamara pegou um táxi e alguns minutos depois chegou a sua casa. O que a garota menos queria era que alguém da família a visse naquele estado. Para sua sorte, o irmão já tinha ido se deitar e os pais estavam assistindo a um filme quando ela chegou.

— Puxa, voltou cedo, filha. Foi tudo bem? — quis saber a mãe.

Porém, a garota passou tão rápido pela sala que eles mal conseguiram vê-la. Tamara apenas afirmou que correra tudo bem para em seguida já lhes dar boa-noite e rapidamente subir para o quarto.

— Que estranho — comentou a mãe com o pai. — Acho que vou lá falar com ela.

— Não faça isto, Cecília. Deixe a Tamy descansar hoje. Se ela não quis comentar nada, é justamente porque queria privacidade. Amanhã, dependendo de como ela estiver, aí sim você fala com ela — sugeriu o senhor Maurício.

Mesmo não se sentindo confortável com a situação, a senhora Cecília decidiu acatar o conselho do marido e deixá-la descansar.

Já no quarto, Tamara, em silêncio, chorava pelo que havia acontecido. Estava tão desconsolada por seu encontro com Nícolas ter dado errado, que nem chegara a se questionar sobre o Sérferus que tinha avistado próximo ao casarão. Tudo o que queria era esquecer aquele dia e torcer para que Nícolas não ficasse sabendo o que realmente havia acontecido.

Assim que conseguiu dormir, após ficar se revirando de um lado para o outro antes de pegar no sono, Tamara logo percebeu que aquele não era um sonho comum. Geralmente só era transportada para o Vale dos Sonhos quando assim desejava, mas, naquela noite, algo diferente aconteceu. Assim que adormeceu, teve um grande assombro. Viu-se flutuando sobre o próprio corpo, deitado em sua cama.

— Mas o que é isto? — comentou, assustada.

Ocorria que, diferentemente das vezes em que adentrava o Vale dos Sonhos, ela não tinha sido transportada para lugar algum; pelo contrário, ainda estava em seu quarto e diante de si mesma. Aquela era a primeira vez que conseguia ver o próprio corpo físico. Flutuando a cerca de um metro e meio sobre ele, Tamara desejou se aproximar para observá-lo mais de perto, ficando a poucos centímetros. Bastante confusa com tudo aquilo, estendeu o braço, desejando tocá-lo, mas nada conseguiu. Sua mão passou sobre ele como se tudo não passasse de uma miragem.

— O que está acontecendo? — indagou-se. — Só pode ser um sonho. Será que eu morri? — espantou-se.

Tentando compreender o que afinal acontecia, Tamara não demorou em perceber um fato bastante curioso. De seu corpo ali imóvel e deitado na cama saía um pequeno conjunto de filetes brilhantes, parecendo ligá-lo ao seu corpo espiritual que flutuava. Tentou tocá-los, mas mais uma vez nada conseguiu. Confusa, após um tempo, enfim pôde se manter na vertical, bem ao lado de sua cama. Olhando ao redor, constatou que tudo estava como deveria estar. Quis caminhar até a janela, mas não demorou a perceber que, por mais que tentasse, não podia sair do lugar. Seus pés simplesmente afundavam no piso como se ela fosse um fantasma.

— Isto não pode ser verdade. Será que me tornei um fantasma?

Tamara se virou para um lado, depois para o outro, mas não conseguia se mover pelo quarto. Preocupada, começou a ficar assustada. Contudo, algo parecia acalmá-la, como se tudo estivesse bem. Então, procurando se concentrar, fechou os olhos e recordou-se da amiga Amanda. Quando os abriu, espantou-se, pois não estava mais em seu quarto, e sim no quarto da amiga.

Esta dormia tranquilamente em sua cama. Sussurrando, Tamara tentou chamá-la, mas ela nada ouviu. Em seguida, quis se aproximar dela para cutucá-la, porém logo compreendeu uma coisa: naquele estado, só conseguia se mover quando pensava no que desejava fazer. Levando então a mão ao rosto da amiga, percebeu que mais uma vez nada acontecia; sua mão apenas a transpassava.

Preocupada porque ninguém parecia poder ouvi-la nem vê-la, Tamara se entristeceu e quis sair dali. Recordou-se subitamente do amigo Felipe. E, assim como ocorrido antes, após abrir os olhos, lá estava ela, porém desta vez no quarto do garoto. Envergonhada por vê-lo de pijama, quis fechar os olhos, mas percebeu que o garoto estava acordado.

— Ai, graças a Deus, Fê! Fê, sou eu, a Tamara — chamou ela.

Contudo, com a luz do abajur ligada e reclinado em sua cama, observando algo que segurava, o garoto nada percebeu. Felipe trazia o semblante triste e o olhar distante.

— O que houve, Fê? Por que está triste? — comoveu-se a garota, aproximando-se para ver o que ele segurava.

Confusa, não compreendeu o que significava aquilo. Viu que em suas mãos Felipe segurava uma foto — uma foto dela com ele, tirada não havia muito tempo. Nela, ambos estavam abraçados e pareciam bem felizes.

— O quê? — espantou-se.

No fundo, o garoto ainda não se conformava com o afastamento da amiga e seu relacionamento com Nícolas. Seu coração, mesmo despedaçado, ainda batia fortemente por Tamara. E aquela foto era a lembrança que possuía de quando ainda eram bastante próximos. Felipe tentava ser forte e seguir adiante, mas a dor por sentir que a amiga só tinha olhos para outro o consumia. Passando o dedo sobre a imagem da garota na foto, ele não se conteve; logo uma lágrima escorria de seu rosto.

Sensibilizada com a reação do amigo, Tamara não suportou vê-lo daquela maneira e também começou a se emocionar. Não conseguia compreender direito os motivos que o haviam levado a estar daquele jeito, mas considerou que talvez se devessem a seu afastamento do amigo. Triste com a cena que presenciava, a garota não suportou ficar ali e, de cabeça baixa, lentamente saiu de lá. Contudo, desta vez, apenas se dirigiu para a rua após atravessar a parede do quarto.

— Poxa vida, Fê, se eu soubesse que iria te fazer sofrer... — lastimava-se, enquanto prosseguia flutuando pela rua, sem perceber que era observada.

Já era mais de meia-noite e, àquela hora, a rua estava quase deserta, iluminada apenas pelos postes de luz. Como Felipe, Amanda e Tamara moravam no mesmo bairro, aquele era um local já conhecido da garota — mas não naquele estado em que se encontrava. O sentimento de desolação por ver o amigo naquele estado impediu-a de minuciar o que realmente estava a sua volta. Diferentemente das construções que ela conhecia, havia outras situadas em diferentes partes ao longo da rua. Aos olhos comuns, tudo o que se via eram casas e prédios dispostos pelo local, mas, aos olhos de alguém fora do corpo, em desdobramento e no chamado plano astral, tudo se agigantava. Junto com algumas casas de construções sólidas, existiam outras formadas pelo mesmo material sutil que parecia recobrir Tamara. Havia, assim, construções sobrepostas: uma casa dentro de outra casa, uma construção dentro de um edifício. Um casebre em um local onde aparentemente não havia nada. Tudo estava igual, mas ao mesmo tempo totalmente diferente. Antes que pudesse analisar melhor o que era tudo aquilo, de forma estranha, sentiu-se atraída por uma força e, em um simples piscar de olhos, viu-se transportada para outro lugar. Estava agora diante de um antigo casebre situado em um local em que olhos normais diriam haver apenas um desolado terreno baldio.

— Hum... mas que lugar é este? — considerou, aproximando-se.

Com o aspecto de uma casa abandonada, o local parecia emitir estranhos sons que lembravam vozes. Alguns poderiam ter medo, mas existia ali algo que fazia Tamara querer se aproximar. E, sem conseguir entender, parecia haver naquele lugar alguém com quem ela já havia tido contato antes. "Mas quem?", pensou.

Diferentemente do próprio quarto, no qual nada conseguia tocar ou sentir, ao se aproximar do casebre, percebeu que seus pés pareciam voltar a tocar o chão. O ar também parecia mais denso, e as coisas, mais palpáveis. Estacou diante da porta, assustada, pois os sons repentinamente cessaram. Apesar de disposta a seguir adiante, um pequeno receio passou a tomar conta de seu corpo; pensou em voltar, mas precisava saber o que havia ali dentro. Aproximando então a mão da porta, sentiu que podia tocá-la. Reunindo forças para prosseguir, enfim a abriu. "Meu Deus..."

Com um grande solavanco, como se houvesse caído da cama, Tamara imediatamente retornou ao corpo.

Com o coração acelerado e a respiração ofegante, levantou-se em um salto da cama. Olhando ao redor, constatou que tudo parecia exatamente como sempre fora. Nada estava diferente — nem os móveis, nem seu corpo. Tudo voltava a ser sólido.

— Mas o que foi isto? — questionou-se, tentando se acalmar e raciocinar sobre o que tinha acontecido.

Olhou pela janela e viu que ainda era noite. "Será que tudo não passou de um sonho?", pensou. Colocou a mão sobre a testa e percebeu que estava mais quente do que o normal.

— Acho que devo estar ficando doente — considerou, para logo em seguida beber um gole do copo de água que costumava levar à noite para o quarto. — Acalme-se, Tamara; tudo não passou de um sonho, tudo não passou de um sonho... — dizia-se, antes de tornar a se deitar e, alguns minutos depois, adormecer.

No dia seguinte, logo cedo, Tamara quis ir até a casa da amiga Amanda para lhe contar sobre os sonhos estranhos que estava tendo, mas, como acordou com febre, sua mãe não lhe permitiu sair de casa. Porém, como sentia que precisava desabafar com alguém sobre os últimos acontecimentos, decidiu ao menos ligar e tentar conversar por telefone. Ligou algumas vezes para a casa da amiga, mas a ligação apenas chamava; tentou em seguida ligar para o celular de Amanda, contudo ele só dava na caixa postal. Ocorria que, justamente naquela manhã, Amanda e sua família tinham ido passear, e a garota esquecera o celular em casa. Seu pai, o senhor Osvaldo, já dizia havia semanas que queria aproveitar um dia para pescar com a família e, como naquela manhã tinha surgido um belo dia ensolarado, chamou a mulher e a filha, logo cedo, e saíram.

"Puxa, Amanda, onde está você?", questionava-se Tamara, desligando o telefone. Pensou em ligar para Jéssica, mas logo desistiu. Sentia que ela não a entenderia como Amanda, principalmente em relação aos estranhos sonhos que havia tido.

Quem também estava preocupada era a mãe de Tamara, a senhora Cecília. Ela queria muito conversar com a filha e saber se havia acontecido algo na noite anterior para a garota ter chegado em casa tão apressada e sem comentar nada. Como antes de sair ela estava tão radiante, imaginou que chegaria bastante animada com seu primeiro encontro. Porém, como a garota acordara com febre, preferiu não tocar no assunto. Apenas procurou medicá-la e em seguida indagar-lhe se havia acontecido algo que ela desejasse lhe contar. Contudo, como a filha dissera que não havia nada que quisesse mencionar, ela gentilmente lhe dera um beijo na testa e a deixara repousar.

Como o dia estava bastante bonito, quem também havia decidido aproveitá-lo eram os amigos de Felipe. Já fazia algum tempo que estes não se reuniam para jogar futebol na quadra do condomínio em que um dos amigos, Rogério Dutra, morava. Após colocarem as camisas do uniforme que possuíam, logo Tiago, Ricardo e Juliano se dirigiram ao local, enquanto Luciano se encarregava de passar na casa de Felipe para chamá-lo. Após Luciano tocar o interfone e perguntar pelo garoto, este logo desceu para conversar.

— Oi, Felipe! O pessoal está se reunindo lá na quadra do condomínio do Rogério para a gente jogar futebol.

— Ah, não sei. Estou um pouco cansado para ir — falou Felipe, espreguiçando-se.

O rapaz tinha passado boa parte da noite acordado e desconsolado por causa do relacionamento entre Tamara e Nícolas. Ainda não se conformava em ver a garota com outro.

— Que é isso, vai? Será contra o time do Alvorada — incentivou Luciano.

Alvorada era o nome de um edifício próximo da região. Moravam nele alguns garotos com idades similares à de Felipe, que haviam se juntado a outros das proximidades para montarem um time de futebol. "O quê? Contra o Alvorada?, pensou Felipe, sentindo o sangue subir-lhe à cabeça.

Ocorria que aquele time era liderado por ninguém menos que Nícolas, sendo este um dos principais rivais do time de Felipe, cujo nome era Penedo, devido ao nome do edifício em que Tiago e Juliano moravam.

— E então, você vai?

Neste instante, Felipe despertou, com dezenas de coisas passando por sua cabeça. Considerou que seria uma ótima oportunidade ficar cara a cara com Nícolas e pelo menos ganhar de seu time para tentar aliviar um pouco o sentimento de perda que o assolava.

— Claro! Dê-me apenas cinco minutos para me trocar que já venho — comentou, saindo às pressas para casa.

Nícolas e Felipe nunca foram de fato rivais no jogo, pois as poucas habilidades de Felipe no futebol o impediam. Este costumava jogar mais como meio-campo, quando não era deixado apenas como reserva. Mas poder ganhar do Alvorada naquele dia era tudo de que precisava. Sendo assim, cerca de quinze minutos depois, ele e Luciano chegavam à quadra. "Lá está ele com aquele seu cabelinho ridículo", pensou Felipe, avistando Nícolas, que já batia bola dentro da quadra.

Após cumprimentar os amigos e conversarem um pouco, acabaram decidindo que Ricardo começaria jogando e Felipe entraria no segundo tempo. Há três jogos seguidos o time do Penedo não conseguia vencer o Alvorada. Para os garotos, era hora de enfim mudar aquela situação.

18

Com os dois times postos em quadra, não tardou para começar o jogo. Já fazia cerca de dois anos que ambos os times se conheciam, pois, além de jogos amistosos como aquele, que costumavam fazer, também participavam de alguns campeonatos organizados tanto pelo condomínio de Rogério como pelo Sesc, além de alguns outros. No placar geral, o time de Nícolas possuía bem mais vitórias sobre o de Felipe, sendo inclusive campeão atual do campeonato organizado pela escola dos garotos. Vencer o time do Alvorada vinha se mostrando uma missão bastante difícil nos últimos tempos, pois, além de os jogadores desse time se reunirem para jogar futebol em muito mais ocasiões do que o time do Penedo o fazia, havia também dois garotos que faziam escolinha de futebol. Porém, se dependesse de Felipe, aquilo tudo não bastaria para evitar que perdessem. O garoto estava completamente decidido a vencer o time de Nícolas — tanto, que o jogo mal havia começado e ele, do lado de fora do alambrado, já gritava que iriam perder. Os companheiros do time de Felipe chegaram a estranhar a empolgação do garoto, que gritava e gesticulava enquanto assistia à partida.

— Uhuuu! Vão perder — berrava ele toda vez que o time do Alvorada pegava na bola.

Contudo, por mais incentivo que Felipe pudesse transmitir aos amigos, não demorou para o time adversário abrir o placar e fazer 1 a 0.

— Ah, não — gritou Felipe, desanimado. — Tudo bem, a gente consegue empatar, vamos lá!

Porém, a superioridade logo mostrou-se visível. Cerca de dois minutos depois, os garotos novamente tomaram mais um gol, e, desta vez, feito por Nícolas, com um belo chute de longe. Como o jogo que os dois times costumavam fazer era de dois tempos de vinte minutos, ainda restavam quase oito para o Penedo tentar reagir ainda no primeiro tempo. E foi justamente o que os garotos conseguiram fazer. Após uma roubada de bola de Juliano e um toque rápido para Rogério, este levantou na área para um belo gol de cabeça de Ricardo, fazendo Felipe delirar.

— Aêêêê! Gooool!

Com o placar em 2 a 1 para o time do Alvorada e cerca de cinco minutos para acabar o primeiro tempo, os garotos do Penedo, motivados pelo exaltado Felipe, seguiam atacando.

— Vai, toca essa bola. Aí, aí... chuta!

O time do Alvorada pareceu ter se assustado com o gol tomado e a vontade com que os garotos do Penedo jogavam. Todos disputavam cada lance e chutavam a cada oportunidade. E foi com um chute dividido perto do meio de quadra que, para alegria de Felipe, eles conseguiram marcar, empatando assim o jogo em 2 a 2. No alambrado, o garoto vibrava como se fosse uma final de campeonato. Com cerca de um minuto para encerrar o primeiro tempo, já não havia muito mais o que fazer, e os times pareciam apenas aguardar o apito de encerramento. Foi isso o que aconteceu logo depois, quando um colega do time do Penedo, que trabalhava como vigia na parte da tarde no condomínio, enfim apitou.

Com um intervalo de cerca de dez minutos, era hora de ambos os times se refrescarem e aproveitarem para discutir as táticas de jogo. Como não podia deixar de ser naquele dia, Felipe era o que mais falava, procurando dar conselhos aos amigos, porém, sem deixar de observar com atenção a situação do time adversário, principalmente seu ânimo e como estava reagindo Nícolas com aquele momentâneo empate.

Com o juiz já se preparando para dar início ao segundo tempo, Felipe foi logo tratando de tirar o agasalho para entrar no lugar de Ricardo. Porém, como fora justamente ele que fizera o gol de empate, o capitão do time, Rogério, preferiu não fazer nenhuma alteração naquele momento. Sabia que Felipe ficaria chateado, mas, para ele, o time estava jogando bem e tinha grandes chances de vencer a partida.

— Mas eu também quero jogar — indignou-se Felipe.

— Eu sei, cara, mas aguenta mais um pouco. Vamos ver se ao menos conseguimos virar o jogo, daí você entra — solicitou Rogério ao amigo.

Felipe pensou em esbravejar e exigir a substituição, mas logo considerou que Rogério no fundo tinha razão. A seu ver, o time estava mesmo jogando bem, e, por mais que quisesse ter a oportunidade de vencer o time de Nícolas estando em campo, uma vitória do seu time já ajudaria a amenizar um pouco seu sentimento de revanche.

— Tudo bem — respondeu ele, um pouco desanimado.

Assim que iniciou o segundo tempo, a partida já ficou bastante agitada. Com os dois times atacando e ambos procurando a vitória, quem teve bastante trabalho foram os goleiros. Enquanto pelo lado do Penedo, Tiago, com boas defesas, evitava que o time adversário ampliasse o placar, pelo lado do Alvorada, era Diego Mendonça quem trabalhava. E, do lado de fora, Felipe seguia tentando empurrar seu time.

— Vamos lá! — gesticulava ele.

O jogo prosseguiu e, após um passe errado de Juliano, um dos garotos do time adversário conseguiu ficar com a bola, para desespero de Felipe. Ele então tocou para Nícolas, que driblou Luciano e, com um belo chute no canto, conseguiu tirar do goleiro Tiago, fazendo assim o terceiro gol e voltando a colocar o time do Alvorada à frente.

— Nãooo — desesperou-se Felipe, levando as mãos à cabeça.

Perdendo de 3 a 2, o que mais revoltava o garoto não era o time ter levado um gol, mas sim ele ter sido feito por Nícolas. Aquilo era algo que Felipe não conseguia admitir.

— Ah, não! Eu quero entrar, Rogério — gritou Felipe, chamando-o.

Ainda havia cerca de dez minutos para o final da partida e, com seu time já demonstrando certo cansaço, Rogério considerou que talvez fosse uma boa opção fazer a alteração. Cada equipe podia fazer somente uma alteração durante o jogo, e, como na volta do segundo tempo os garotos geralmente faziam uma troca para que todos pudessem participar, o capitão achou justo atender ao pedido.

— Tudo bem, Felipe. Assim que a bola sair, você entra no lugar do Ricardo — avisou ele.

A exaltação de Felipe cresceu ainda mais. Tudo o que queria era poder ganhar de Nícolas. Sendo assim, logo que a bola saiu, o garoto entrou em quadra. Os garotos de seu próprio time se espantaram com a disposição com que Felipe corria atrás da bola, sobretudo quando esta estava nos pés de Nícolas. E foi justamente com essa vontade que Felipe conseguiu desarmar um dos adversários, fazer uma tabela com Luciano na entrada da área e, para seu próprio espanto, com um desengonçado chute, fazer um gol.

— Há, há! — vibrou ele, correndo para abraçar seu time.

Como não tinha muito o costume de fazer gols, tal feito foi uma explosão de alegria para Felipe. O sorriso ia de orelha a orelha por ter conseguido empatar a partida e ainda ter marcado contra o time de Nícolas. Com o placar em 3 a 3, ainda restavam alguns minutos para os garotos do Penedo tentarem a vitória, agora contando com uma pequena torcida, que os impulsionava ainda mais. Ocorria que a quadra do condomínio de Rogério era um local bastante frequentado aos finais de semana, principalmente quando chegava perto das dez horas da manhã — horário que o pessoal que também jogava na quadra costumava chegar. Por isso, os garotos do Penedo procuravam marcar o início do jogo sempre por volta das nove horas, para que pudessem pegar a quadra livre. Mas também acontecia de algumas pessoas do próprio condomínio, sobretudo os garotos, começarem a se aglomerar para assistirem às partidas. Logo alguns passavam a torcer por determinado time quando viam que este estava jogando bem.

O jogo prosseguiu e, a cada minuto, ambos os times seguiam firmes, sempre em busca da vitória. Desengonçado, Felipe mais trombava com os adversários do que tentava desarmá-los. Mas algumas vezes isso acabava funcionando a seu favor, e então a bola sobrava para os companheiros tentarem o gol. Porém, com a grande vontade de marcar, estes acabavam não aproveitando e chutando para fora.

Quando foi a vez de o Alvorada atacar, foi o goleiro Tiago quem garantiu que eles não marcassem. Restando apenas cerca de dois minutos para o final da partida e disposto a vencer de qualquer jeito, Felipe avançou, desmarcado pela lateral, e pediu a bola para Rogério após este roubá-la do ataque. Sem demora, o amigo logo o viu e, com um belo passe, colocou a bola bem nos pés do garoto. Essa era a bola do jogo, pois não havia absolutamente ninguém entre Felipe e o goleiro. Correndo pela lateral, ele avançava, o olhar fixo no gol. Bastava apenas a sorte de dar um bom chute.

— Vai, chuta! — gritou Juliano para Felipe.

Na mente de Felipe, sentia como se aquela fosse a oportunidade de sua vida. "Eu vou marcar, eu vou marcar", pensava ele à medida que se aproximava.

Contudo, o garoto logo perceberia que talvez a sorte não estivesse tanto assim do seu lado como imaginava. Como corria com a bola próximo ao alambrado, não foi difícil este ouvir um grito se destacar com clareza entre aqueles que assistiam à partida. Era alguém gritando com empolgação e chamando-o de "meu amor". Tratava-se de ninguém menos que Jéssica.

— Vai, meu amor! Eu te amo! — incentivava a garota.

Aquilo foi como um balde de água fria sobre a cabeça de Felipe. Ele jamais teria imaginado que ela apareceria ali para vê-lo jogar. Como seus amigos nunca o tinham visto com uma garota, e aquilo era motivo constante de piada entre eles, tal situação o fez perder completamente a concentração no jogo. E, antes que ele pudesse chutar, um garoto conseguiu desarmá-lo com facilidade, fazendo-o tropeçar nas próprias pernas e em seguida desabar no chão. Como todos, inclusive o juiz, perceberam que a queda havia sido culpa exclusiva dele próprio, a partida prosseguiu. Após uma rápida tabela entre Nícolas e seu companheiro, este tocou de volta para o garoto, que, sem grandes dificuldades, conseguiu chutar no canto, marcando assim o tão aguardado gol da vitória, para alegria de seu time e decepção dos garotos do Penedo. O juiz olhou o relógio: não havia tempo para mais nada. Final de partida, time do Alvorada 4 e Penedo 3.

Enquanto os garotos do Alvorada comemoravam a vitória, Felipe seguia sentado no chão, de cabeça baixa.

— Droga, a vitória estava em minhas mãos e deixei escapar — reclamava consigo.

No geral, seu time, desolado pela derrota, não culpava Felipe, afinal, era um lance que poderia ter resultado em nada. Apenas Rogério seguia inconformado, pois para ele a derrota era absolutamente culpa do amigo, que, se ao menos não tivesse perdido aquela bola no final, não teria dado chance para o adversário marcar o gol. E, enquanto seu time começava a sair de campo, de longe ele já passou a reclamar de Felipe:

— Seu perdedor. A culpa foi sua. Se fosse para fazer isso, era melhor nem ter entrado em quadra — gritava o garoto, aproximando-se de Felipe e procurando tirar satisfações.

Ainda sentado no chão e tentando encontrar forças para se levantar, o garoto não se conformava.

— Ei, está me ouvindo, seu lixo? — esbravejou Rogério a poucos metros de Felipe. O garoto parecia bastante descontrolado com a perda do jogo e disposto a descontar sua raiva no amigo.

Apesar de amigos de longa data, Rogério e Felipe eram os que mais se envolviam em atritos; mais pelo lado de Rogério, pois este sempre gostava de implicar e tirar sarro do amigo. Nunca haviam brigado de verdade, mas em algumas ocasiões já tinham estado em vias de, sobretudo com empurrões e xingamentos. Levando em conta o estado tempestuoso do garoto ao se aproximar do amigo, parecia que desta vez as coisas seriam bem mais sérias.

— Vai, levanta aí pra você ter o que merece — ameaçou Rogério, já com o punho levantado e parecendo pronto para agredi-lo.

Levantando então a cabeça e percebendo que o amigo não estava de brincadeira, Felipe teve tempo apenas de erguer os braços para tentar se proteger.

Contudo, antes que Rogério pudesse tocá-lo, ele foi impedido por alguém que segurou seu braço, colocando-se entre eles para proteger o garoto. Felipe, assustado, ainda seguia sentado no chão.

Abrindo os olhos e retirando os braços da frente do rosto, Felipe espantou-se, pois intervindo para protegê-lo estava aquele de quem ele menos esperava tal atitude. Postado diante dele e encarando Rogério, estava ninguém menos do que Nícolas. Ele tinha ouvido os insultos e visto a atitude do garoto, e resolvera fazer algo a respeito.

— Ei, deixe ele em paz — ordenou Nícolas, ainda segurando o braço de Rogério.

— Ih, perdeu o juízo, foi? Está a fim de apanhar também? — ameaçou o garoto, desvencilhando o braço.

— Se eu fosse você, procuraria me controlar. Isto aqui foi apenas um jogo, cara. Nada de mais. E de que adiantaria você descontar a raiva em seu colega?

— Olha, é melhor você calar essa sua boca e sair da minha frente. Estou avisando — seguia ameaçando Rogério.

— Está bem. Tá com raiva? Quer descontar em alguém? Vai ter de descontar em cima de mim então, porque eu não vou sair daqui — encarava-o Nícolas.

Do chão, assistindo atônito a tudo aquilo, Felipe não acreditava que o garoto sobre quem tanto queria lançar sua cólera por ter se aproximado de Tamara estava bem ali diante dele, protegendo-o.

— E aí, o que vai ser? — questionou Nícolas, reafirmando sua posição.

Tanto Nícolas quanto Rogério tinham quase o mesmo porte físico, o que fez este repensar se realmente estava disposto a seguir adiante — tanto que, diante da inesperada intervenção, ficou completamente sem saber o que fazer. Assistindo a tudo o que ocorria, as pessoas do lado de fora da quadra também condenavam tal atitude, ainda mais os colegas do mesmo time.

Por fim, cerrando os punhos e descontente com toda aquela situação, Rogério acabou engolindo o orgulho, para logo em seguida dar as costas aos garotos e ir embora.

Ainda atordoado pela atitude de Nícolas em querer protegê-lo, Felipe estava totalmente sem reação. Voltou a si apenas quando o garoto diante dele virou-se para ajudar a levantá-lo.

— Você está bem? — quis saber Nícolas, sorrindo e estendendo a mão para Felipe.

19

— Vem, eu te ajudo a levantar — insistiu Nícolas.

Felipe começou a repensar se Nícolas afinal de contas não seria de fato uma boa pessoa, pois fora o único que se prontificara a ajudá-lo. Com exceção de Luciano, que tinha sido contido por Juliano para não se intrometer na discussão, seus colegas de time pareciam nada querer fazer para auxiliá-lo ao perceberem que Rogério havia partido para cima dele.

Bastante sem graça com a situação, Felipe acabou esticando o braço e permitindo que Nícolas o ajudasse.

— É Felipe seu nome, não é? Viu, não liga para aquele cara, não. Você jogou muito bem e foi pura sorte termos ganhado a partida — consolou-o Nícolas, sorrindo e colocando a mão em seu ombro.

— Eh... obrigado — agradeceu Felipe, meio sem jeito.

— Imagina! Seu colega se estressou e acabou perdendo a cabeça. Tem pessoas que levam o esporte muito a sério e infelizmente não sabem perder.

— Verdade — concordou o garoto, com um tímido sorriso.

— Mas faz parte, não é? O importante é você não se deixar abater. Vê se se cuida, hein! A gente se fala — despediu-se Nícolas, logo correndo de novo para junto dos colegas de time.

Já com os amigos do lado de fora da quadra — exceto Rogério, que, revoltado com a derrota, tinha saído dali —, Felipe foi surpreendido por um forte abraço pelas costas. Era Jéssica, dizendo que havia ido à casa do garoto para encontrá-lo, mas, como ele não estava, sua mãe a informara de que ele estava jogando bola com os amigos no condomínio localizado a cerca de duas quadras dali, bem na rua de trás, e ela não pensara duas vezes para lhe fazer uma surpresa. Como se tratava de um local já conhecido da garota, por causa de uma amiga da escola que também morava por lá, logo decidiu ir vê-lo jogar.

— Ai, que bom que você está bem. Se aquele seu amigo briguento ainda estivesse aqui, ele iria se ver comigo — comentou, fazendo cara de brava.

"Era só o que me faltava, viu: justamente hoje esta garota tinha que aparecer por aqui!", pensou Felipe, inconformado.

— Você não vai nos apresentar sua amiga? — questionou Juliano.

— Ela é lá da nossa escola, seu cego. Estuda na mesma classe que eu e o Felipe — adiantou-se Tiago.

— Ah, tá. É que nunca vi o Felipe de intimidade com garota nenhuma, por isso estranhei. Vocês estão namorando? — perguntou Juliano, curioso.

— Sim — respondeu Jéssica.

— Não — disse Felipe.

Ambos falaram quase ao mesmo tempo. Era certo que já haviam tido um encontro e ambos tinham se divertido, mas, para Felipe, aquilo não significava que estivessem juntos. Ao contrário de Jéssica, que parecia agir como se já fossem bem próximos.

— Ué, não entendi — comentou Juliano, confuso.

— Ai, deixa os dois, seu intrometido — interveio Luciano.

— Tudo bem, não está mais aqui quem perguntou.

— E então, pessoal, a gente vai mesmo comer lá no Burger? — quis saber Ricardo.

Tratava-se de uma lanchonete não muito distante dali, aonde os garotos sempre costumavam ir almoçar de domingo após os jogos.

— Almoçar? Eba, eu vou! — adiantou-se Jéssica.

"Oh, carrapato", pensou Felipe, incomodado.

Ocorria que, quando Felipe avisava a sua mãe, a senhora Joana, que iria jogar, esta aproveitava que o filho almoçaria fora para também fazer o mesmo. Como ela gostava de comida japonesa e o filho não, aproveitava então essas oportunidades para ir ao restaurante, geralmente com uma amiga. "Pior que quando saí avisei a minha mãe que iria comer fora. Se eu voltar, não terá almoço", recordou-se Felipe.

— Por mim, eu vou — comentou Tiago.

— Por mim, tudo bem, também — concordou Luciano.

Percebendo que não teria outra saída senão ir, Felipe acabou concordando. E, astuta, Jéssica logo tratou de se aproveitar para segurar a mão do garoto enquanto se dirigiam à lanchonete.

Na casa de Tamara, assim que chegou o fim do dia e já mais disposta após tomar uma sopa no jantar, a garota, que havia permanecido o dia todo descansando no quarto — porém pensando se o que havia ocorrido com ela tinha realmente sido verdade ou não —, decidiu arriscar e ligar de novo para a amiga Amanda.

Após cerca de três toques no celular, Amanda atendeu.

— Puxa, que bom conseguir falar com você, amiga! Onde esteve o dia todo?

— Saí com meus pais. Fomos até um pesqueiro ao qual meu pai queria muito ir. Desculpe, esqueci o celular em casa. Aconteceu alguma coisa?

Tamara começou então a explicar tudo o que havia lhe acontecido nos últimos dias: primeiro, o encontro com Nícolas no lago, as conversas nos intervalos e o horrível encontro que haviam tido na festa de aniversário de Bianca, quando tinham derrubado bebida em seu vestido e ainda dado risada dela.

— Nossa, mas que chato saber disto, amiga. Eu soube pelo Felipe que você e o Nícolas estavam se conhecendo, mas isso de ele te deixar sozinha para conhecer o quarto de jogos da casa da Bianca não foi muito legal, não — considerou Amanda.

— É... Na realidade, confesso que não gostei muito, mas, como ele disse que ia ser rápido, acabei aceitando.

— E por acaso foi rápido?

— Na verdade, até o momento em que derramaram bebida em mim, acho que deviam ter passado uns vinte minutos.

— Aí, estou falando. Tem coisa aí, viu, amiga? Ir à festa de aniversário da Bia com o ex dela, e ela ainda pedir para conversar a sós com ele? Sei não, viu? E depois que você foi embora, ele te ligou?

— Bom, tinha uma ligação dele perdida no meu celular depois que vim embora e outra hoje pela manhã, mas, como deixei meu celular descarregar, ele ligou aqui em casa querendo saber se podia falar comigo. Só que, como acordei com febre e não estava muito bem, minha mãe me disse que preferiu nem me incomodar e avisou-o para ligar amanhã.

— Mas você já está melhor agora?

— Estou sim. Acho que deve ter sido por causa das bebidas geladas que tomei na festa, ou então porque meu vestido molhou e saí no vento.

— Que bom que está melhor.

— Mas não é só isso que eu tenho para contar. Você não vai acreditar no que aconteceu quando saí da festa e também na noite de ontem.

Tamara contou em detalhes que, voltando da festa, avistara um Sérferus e também que despertara vendo-se flutuar sobre seu corpo, e ainda como simplesmente surgira no quarto da amiga e no de Felipe.

— Sério isso? Por acaso você não bebeu algo de diferente naquela festa, não?

— Claro que não. É verdade isso que estou lhe contando. Eu não sei como, mas essas coisas realmente aconteceram.

— Bom, se foi desse jeito que você contou, então é mesmo bem estranho. Eu não sabia que os Sérferus podiam aparecer aqui no nosso mundo, tampouco que existisse algum que não fosse ruim. E por acaso você chegou a tentar ir ao Vale dos Sonhos depois que combinamos em dar um tempo?

— Não tentei. Desde aquele dia, tenho evitado — afirmou Tamara.

— Isso é bem estranho. Talvez o ideal seja esperar e ver se nos próximos dias você volta a ver algo. Agora isso de você ter virado fantasma durante a noite, ainda acho que foi apenas um sonho...

— Aconteceu de verdade, amiga. Se fosse sonho, como eu saberia que ontem você dormiu com aquele seu pijama branco e amarelo? Ah, e ainda estava usando aquela coberta bege com listras marrons que minha mãe deu para você, lembra?

— Uau! Espera aí, que agora você está me assustando — espantou-se Amanda com os detalhes.

— Está vendo? Aconteceu mesmo. E o pior não foi isso. Enquanto estive assim, senti como se alguém me vigiasse o tempo inteiro.

— Puxa, não sei nem o que dizer. Será que não seria bom você procurar alguém que entendesse desses assuntos de fantasma e desse negócio de sair do corpo? Vai que as coisas saiam do controle...

— Ai, amiga, não me assuste. Será mesmo que estou precisando da ajuda de um especialista?

— Bom, você já chegou a pesquisar algo a respeito na internet? Se não, a gente pode aproveitar amanhã depois da escola e dar uma pesquisada em alguns livros lá da biblioteca. O que acha? — sugeriu Amanda.

— Pesquisei nada, amiga. Esta febre me deixou tão pra baixo, que só levantei da cama para comer e ir ao banheiro.

— Entendi. E amanhã, você já sabe se vai conseguir ir à escola?

— Ainda não sei. Sabe como é minha mãe. Por qualquer coisinha, ela já fica toda preocupada. Mas já me sinto bem melhor. É possível que consiga ir, sim.

— Que bom! Bem, então amanhã, se você for, a gente conversa melhor sobre isso e tenta descobrir o que fazer — considerou Amanda.

— Tudo bem. Fiquei feliz por ter conseguido conversar um pouco com você, amiga; estava mesmo precisando desabafar com alguém sobre isso tudo. Até amanhã, então.

— Até amanhã.

Era certo que já tinha um tempinho que as amigas não se falavam mais como antes, devido ao afastamento de Tamara por causa da amizade com Jéssica, e aquela ligação chegara a surpreender Amanda. "Será que aquela Jéssica saiu da vida da Tamara? Para ela ter voltado a se abrir comigo... Se sim, por quê?", indagava-se a garota, preocupada.

No dia seguinte, como já estava se sentindo bem melhor, Tamara acabou indo à escola e, após passar as primeiras aulas, durante o intervalo, Nícolas a procurou para enfim conversarem.

— Tamara, oi! — chamou o garoto, aproximando-se e dando um beijo em seu rosto.

— Ah, oi — cumprimentou ela, sem graça.

— Você não atendeu às minhas ligações. Eu queria saber se está tudo bem.

— Está sim — respondeu ela timidamente.

— Puxa, eu soube o que aconteceu lá na festa. Que chato!

— Tudo bem.

— Foi uma pena você ter ido embora; eu senti sua falta — comentou ele, passando a mão nos cabelos dela.

Ocorria que Tamara havia pensado no que a amiga tinha lhe falado, sobre ele tê-la deixado, mesmo que por alguns minutos, para ir conversar com Bianca. Não que ela tivesse ficado com ciúmes; era só que aquilo acabara contribuindo para estragar a noite deles.

— Queria saber se posso recompensá-la. Será que podemos combinar algo para hoje, talvez?

Ainda um pouco chateada com o ocorrido, e também com a cabeça ocupada com as visões que estava tendo, Tamara, mesmo se arriscando a perder sua chance com o garoto com quem sempre havia sonhado em sair, decidiu pedir-lhe um tempo:

— Infelizmente, acho que a gente deveria esperar um pouco mais, sabe? Eu tenho alguns trabalhos para entregar e está bastante corrido.

— Compreendo — concordou ele, com o semblante um pouco chateado.

— Mas, assim que as coisas acalmarem, a gente pode ver de marcar algo — considerou ela, e sorriu timidamente.

— Você está certa; eu também tenho alguns trabalhos para entregar. Tudo bem, a gente tenta combinar algo mais pra frente, então — concordou ele, despedindo-se e voltando para sua sala.

"Ai, ainda não acredito que dispensei o Nic. Será mesmo que tomei a decisão certa?", indagou-se Tamara, já com cara de preocupada.

20

Assim que terminou a aula, como haviam combinado, Amanda e Tamara foram à biblioteca para procurar algum livro que contivesse assuntos relacionados a sonhos ou visões. As garotas ficaram por quase uma hora buscando nas prateleiras uma obra que abordasse tais temas, mas nada encontraram.

— Ai, amiga, estou quase desistindo. Pelo que estou vendo, não vai ter nada aqui a respeito disso que você teve, essa sua experiência fora do corpo — desanimou-se Amanda.

— Vocês estão procurando algum livro sobre experiência fora do corpo? — questionou-lhes uma senhora que estava a poucos metros delas, folheando um dos livros.

— Sim, isso mesmo. A senhora conhece algum? — perguntou Tamara.

— Esse é um assunto bastante interessante. Se não me engano, tem um aqui que talvez ajude.

Após acompanharem a senhora até uma das prateleiras situadas ao fundo da biblioteca, ela, passando os dedos pelos nomes, logo removeu um e o entregou às garotas.

— Creio que este vai ajudá-las.

— Mas aqui diz: *Viagem espiritual*? — espantou-se Amanda.

— Acho que a senhora não entendeu. Estamos procurando um livro sobre sonhos.

— Sim, eu entendi, sim — sorriu ela, e explicou: — Os sonhos nada mais são que a projeção do corpo espiritual para fora do corpo físico. Tenho certeza de que ele lhes indicará o caminho que devem seguir para entender o assunto.

— Será que é isso mesmo que estamos procurando? — questionou Amanda, folheando o livro.

— Bem, parece que só saberemos arriscando — disse Tamara.

— Tudo bem, vamos levar este aqui, então. Muito obrigada, senhora — agradeceram as garotas, enquanto a senhora sorriu gentilmente, para logo em seguida sumir entre as prateleiras.

— Ela me lembra alguém. Simpática, não é? — comentou Tamara.

— Eu a achei meio estranha. Enfim, você não quer ir almoçar lá em casa hoje? — sugeriu Amanda.

— Acha que sua mãe não vai reclamar?

— Imagine, Tamara. Sabe muito bem que ela sempre gosta quando você vai lá. Além do mais, assim a gente pode aproveitar a tarde para já darmos uma folheada neste livro e também para pôr o papo em dia.

— Tudo bem, então. Só vou ligar lá em casa para avisar minha mãe e a gente já vai.

Logo após o almoço, as garotas foram para o quarto de Amanda a fim de tentarem encontrar naquele livro algo que pudesse ajudá-las.

— Puxa, pelo que estou vendo aqui, o autor aborda vários assuntos referentes ao que ele chama de fenômenos espirituais; e, dentre eles, fala de vida após a morte e isso de sair do corpo — comentou Tamara.

— Será que o que você teve foi uma experiência fora do corpo, então? — indagou Amanda.

— Parece que sim. Aqui ele fala inclusive que existe vida após a morte. Será que isso explica o porquê de eu ter visto a silhueta de uma pessoa próximo ao jardim do casarão? Será que era um fantasma? — espantou-se Tamara.

— Ah, amiga, falando em fantasma, dá uma olhada neste livro aqui — disse Amanda, mostrando para a amiga o livro que pegara emprestado com Felipe.

— *O Livro dos Espíritos*. Do que se trata? — perguntou Tamara, curiosa.

— É um livro que o Felipe acabou de me emprestar, que fala exatamente sobre isso de vida depois da morte. Ainda não tive tempo de lê-lo, mas, pelo que já pude folhear, ele diz que os fantasmas são mesmo as almas das pessoas que já morreram; ele os chama de espíritos — explicou Amanda.

— Entendi. Bem, sendo fantasmas, almas ou espíritos, eu sei que o que vi me pareceu muito real — recordou-se Tamara.

— Ainda hoje vou começar a ler este livro que o Felipe me emprestou e, se você quiser, pode já ir lendo o que pegamos na biblioteca — sugeriu Amanda, e prosseguiu: — Mas, mudando um pouco de assunto, em breve chegará o grande dia da sua festa de quinze anos. E então, já decidiu como tudo vai ser?

A festa de aniversário de quinze anos era um momento muito esperado por Tamara; ela já tinha visto algumas delas em filmes e se recordava de uma a que tinha ido quando pequena e com a qual simplesmente se encantara. O baile, o vestido, tudo aquilo povoava sua mente há muito tempo. Ter uma festa de debutante talvez fosse seu maior sonho. Por isso, sempre que se lembrava, começava a se imaginar naquele momento com um lindo vestido, uma linda decoração e dançando com seu belo par.

— E então, já decidiu quem vai chamar para ser o seu príncipe no baile? — provocou a amiga, e continuou: — Sei que pretendentes não faltam. Sem fazer muito esforço, já sei de dois que adorariam — comentou ela com malícia, enquanto as duas riam.

A semana prosseguiu, e todos os dias as garotas iam se falando sobre o que tinham aprendido em cada um dos livros, pois o mais importante era tentar descobrir o que eram aquelas visões que Tamara estava tendo, mesmo sem estar no Vale dos Sonhos.

Enquanto as garotas se ocupavam em desvendar aquele mistério, quem decidiu se aproveitar da situação foi Bianca. Como ela soubera que Nícolas e Tamara haviam se afastado, vira aí uma ótima oportunidade para tentar reconquistá-lo.

Com objetivo semelhante, quem vinha gradativamente tentando conquistar Felipe era Jéssica. Bastante astuta, a garota começou a se aproximar cada vez mais do rapaz, tentando envolvê-lo em seu jogo. E Felipe, por estar chateado com Tamara, sentindo-se trocado por Nícolas, acabou se deixando manipular. Além de aproveitar todos os momentos que tinha em sala de aula para ficar bajulando Felipe, Jéssica também aproximou-se dele durante os intervalos. Aquela garota que ele considerava "irritante" havia se transformado. Para ela, tudo o que estivesse a seu alcance para conquistar o rapaz e retirar de uma vez por todas Tamara de sua mente, ela faria, inclusive começar a se maquiar mais e a se insinuar para ele.

Ao final daquela semana, durante o intervalo e enquanto se dirigia para a lanchonete, Tamara viu algo que lhe chamou a atenção. Tratava-se de seu amigo Felipe e Jéssica sentados em um dos bancos, conversando de maneira bastante íntima. A garota estava com o rosto bem próximo ao do rapaz e de pernas cruzadas para ele, mantendo uma das mãos apoiada em seu peito enquanto com a outra fazia carinho em sua nuca — uma cena que faria lembrar muito a de um casal. Astuta como sempre, ao perceber que Tamara os observava timidamente, de longe, a garota tratou logo de se aproximar ainda mais do rapaz, colocar a cabeça em seu ombro e em seguida abraçá-lo.

Enquanto permanecia observando-os de longe, Tamara começou a sentir algo bastante entranho ao presenciar aquela cena. Ficou triste, com um grande vazio no peito. Confusa, acabou deixando que uma tímida lágrima escorresse pelo seu rosto, fazendo-a se questionar sobre quais sentimentos seriam aqueles que a tinham envolvido. "Será ciúme?", indagou-se, enxugando a lágrima e saindo o mais depressa que pôde dali.

O mês enfim terminou e logo chegou o dia da apresentação do seminário de Felipe. Ao contrário do que havia imaginado quando soubera que teria de conviver com a presença de Jéssica em seu grupo, o rapaz tinha mudado completamente de opinião. Aquela garota que a seu ver era insuportável acabara se mostrando uma boa amiga. Era certo que ele ainda não se sentia totalmente confortável com os excessos de atenção e carinho que ela lhe despendia, mas aquilo começou a incomodá-lo cada vez menos. Ele mal imaginava que tudo aquilo era só para conquistá-lo. Aliás, uma conquista que, para Jéssica, já estava em suas mãos, embora ainda não houvesse se declarado a ele, pois queria ter certeza de que Tamara realmente tinha sumido de sua mente.

Na sala de aula, iniciava-se o seminário:

— Pessoal, hoje teremos a apresentação do grupo que vai falar sobre espiritismo — anunciou a professora, convidando o grupo de Felipe para se dirigir à frente.

Após terem se dedicado a conhecer o assunto que iriam apresentar, o grupo de Felipe, que era formado por ele, Jéssica, Luciano e Tiago, logo se posicionou após fixar devidamente na lousa alguns cartazes elaborados por eles. O primeiro a falar seria Luciano, uma vez que, dentre todos, era o que mais conhecia sobre o assunto.

Com bastante tranquilidade, já que vinha estudando sobre espiritismo havia algum tempo em sua casa, o garoto começou falando sobre os fenômenos que levaram à constatação de indícios de que existiria algo além da vida que todos conhecem. Dentre eles, talvez o mais conhecido eram as chamadas "mesas girantes". Todos da sala seguiam muito atentos às elucidações de Luciano em relação à descoberta de que os espíritos eram capazes de se comunicar por meio de pancadas nas mesas, respondendo aos mais diversos questionamentos. O garoto mostrou em um dos cartazes como as pessoas faziam para obter as comunicações: a princípio, sentavam-se ao redor de uma mesa e, com as mãos colocadas sobre ela, faziam determinadas perguntas, que eram respondidas com "sim" ou "não" através de pancadas.

Em seguida foi a vez de Tiago falar a respeito de Allan Kardec, o Codificador da doutrina espírita e responsável por analisar esses fenômenos e constatar a grandiosidade de tais manifestações — fenômenos esses inteligentes e capazes de comprovar a sobrevivência da consciência após a morte do corpo físico. O garoto explicou como o Codificador fazia, elaborando cuidadosamente diversos tipos de questões, que eram totalmente alheias às pessoas que participavam das sessões, os chamados médiuns. Médiuns, ele explicou, eram os indivíduos que possuíam uma capacidade um pouco maior do que os outros para auxiliar naquelas manifestações. Ele apresentou os métodos que Allan Kardec utilizava para considerar a autenticidade das respostas obtidas, fazendo questões a diferentes grupos de médiuns. Essas respostas começaram a surgir por intermédio de outros fenômenos: o da escrita, chamado psicografia, e o da fala, chamado psicofonia. Não se tratava apenas de respostas relacionadas a assuntos diversos, mas também de questões que eram particulares a determinada família que, por exemplo, tinha algum parente ou conhecido que já havia falecido, obtendo-se assim fatos mencionados pelos médiuns que eram totalmente desconhecidos destes, mas de conhecimento da família do falecido.

A próxima a falar foi Jéssica. Ela comentou um pouco a respeito dos cinco livros elaborados por Allan Kardec e chamados de "Obras Básicas", sendo eles: *O Livro dos Espíritos*, lançado em 1857; *O Livro dos Médiuns*, de 1861; *O Evangelho segundo o Espiritismo*, de 1864; *O Céu e o Inferno*, de 1865; e *A Gênese*, de 1868. Mostrando as imagens de cada um deles em um dos cartazes que tinham feito, Jéssica, demonstrando bastante simpatia, abordava sorridentemente de que tratava cada um. O primeiro era composto por diversas perguntas relacionadas a diferentes temas da vida, com respostas trazidas por espíritos superiores; o segundo trazia explicações a respeito dos processos que envolviam a mediunidade, bem como seus diferentes tipos; o terceiro abordava a visão espírita em relação aos ensinamentos deixados por Jesus Cristo; o quarto, a visão espírita em relação à ideia de céu e inferno; e o quinto abordava o que eram os chamados milagres. Apesar de não ter lido outro livro que não

O Livro dos Espíritos, Jéssica havia lido pelo menos um pou-co a respeito do que tratava cada um dos livros, para poder comentar um pouco a respeito de cada um, Demonstrando assim o quanto estava dedicada e preparada para colaborar com os amigos de seminário.

O último a falar seria Felipe, que comentaria sobre o espiri-tismo na atualidade. Contudo, diferentemente dos colegas de grupo, o rapaz era bastante avesso a falar em público. Em seu íntimo, se pudesse inventar uma desculpa apenas para não passar por aquela situação, ele o faria. Sempre que tinha de falar em seminários, Felipe nunca ia bem. Ficava tímido, ner-voso, seu coração acelerava, as mãos suavam e sentia que seu rosto se tingia de vermelho de tanta vergonha. Mas naquele dia não poderia escapar, pois a nota do grupo não seria individu-al, e sim coletiva. Ou seja, se ele não falasse, seu grupo inteiro seria penalizado e ficaria com nota baixa. "Ai, meu Deus, me ajude", suspirava Felipe em pensamento, pedindo coragem.

Com todos atentos e esperando que ele enfim iniciasse e comentasse o assunto, milhões de coisas, desde um acesso de espirros até fingir um desmaio, passaram por sua cabeça. Engolindo seco, ele olhava para as anotações que havia tra-zido, enquanto os colegas de grupo, percebendo que o rapaz havia travado, começavam a se preocupar. A classe estava em total silêncio, aguardando que Felipe falasse, mas o rapaz continuava estático e de cabeça baixa. Em sua mente, já co-meçava a imaginar que tiraria zero no seminário e que todos os seus colegas seriam prejudicados.

Foi quando uma mão amiga delicadamente tocou a sua. E, ao sentir aquela mão calorosa, o rapaz voltou a si. Levantando os olhos e olhando de lado, viu que se tratava da amiga Jéssica, que tentava, com carinho, incentivá-lo com um sorriso. "Jéssi-ca", pensou ele, enquanto esta fazia um leve movimento com a cabeça, indicando que ele confiasse em si mesmo.

De imediato, Felipe começou a se sentir diferente. O gesto da garota o fizera se recordar de quando era pequeno e sua falecida bisavó Eulália tocava sua mão para lhe dar coragem e confiança sempre que algo o assustava. Da mesma forma, aquele gesto da garota havia acendido algo em seu peito, dando-lhe confiança de que realmente era capaz de fazer aquilo. Então, tomado de súbita coragem, o rapaz retribuiu--lhe o gesto de cabeça para logo em seguida voltar os olhos à classe e assim iniciar sua explanação.

Sentindo-se inspirado e sem titubear, o rapaz começou, sem saber que do plano invisível sua querida bisavó de fato o amparava com carinho para que falasse com confiança. Felipe comentou sobre como o espiritismo havia crescido nas últimas décadas, principalmente no Brasil, onde encontrara muitos adeptos à nova doutrina. Falou também sobre a criação de inúmeros centros espíritas fundamentados nas obras básicas de Allan Kardec, explicando ainda como era o funcionamento dessas casas: as palestras sempre voltadas para os ensinamentos cristãos; os passes; os cursos; o trabalho assistencial de amor e caridade; o trabalho realizado em sessões mediúnicas, em particular de psicografia e psicofonia, que visava amparar e esclarecer espíritos desencarnados que buscavam auxílio em centros espíritas; a prática do Evangelho no Lar, realizado nas casas das próprias famílias, como instrumento de harmonização e aprendizado.

Mencionou ainda a difusão do movimento espírita por meio da literatura, sobretudo por intermédio de romances psicografados, que abordavam diferentes temas voltados a questões morais e espirituais. Por fim, mencionou o trabalho que alguns médiuns faziam recebendo cartas de desencarnados para seus familiares, procurando assim confortá-los e levando-lhes um alento ao dizer que aqueles que haviam partido estavam bem e que a vida continuava.

Assim que concluiu, todos do grupo o olharam espantados pela maneira como o amigo havia encerrado o seminário e pela forma com que abordara o assunto, falando com extrema desenvoltura e de modo tão elucidativo — o que fez todos da sala, inclusive a professora, aplaudirem o grupo com bastante entusiasmo. Todos estavam muito felizes com o resultado, até mesmo Jéssica, que fizera questão de dar um belo abraço apertado em Felipe, enquanto este tentava ainda compreender como tinha conseguido falar daquela maneira.

21

À noite, em sua casa, Tamara — que havia ficado algumas horas debruçada sobre um dos livros que havia tomado emprestado na biblioteca, procurando informações que lhe explicassem os sonhos que havia tido, nos quais simplesmente saía do corpo e vagava como um fantasma — descobriu valiosas informações sobre algo chamado "desdobramento", que consistia na capacidade que algumas pessoas possuem de momentaneamente sair do corpo, seja durante o sono ou não.

"Será que eu tenho esta capacidade?", questionou-se a garota. "Mas, se tudo isso for mesmo verdade, então as pessoas que morrem continuam vivas, embora nesse local que chamam de espiritualidade?", prosseguiu ela matutando. "Puxa, que difícil imaginar que nossa vida é apenas uma dentre as inúmeras que já tivemos. E que vivemos sob a lei de causa e efeito."

Enquanto seguia deitada em sua cama meditando à luz do abajur, Tamara tentava entender algo que a havia incomodado na escola: a estranha sensação que sentira ao ver seu amigo Felipe e Jéssica juntos.

— Mas o Fê é apenas meu amigo, só isso — sorriu ela, confusa com aquele aperto no peito, enquanto se virava de lado na cama e apagava o abajur.

Em sua mente, Tamara involuntariamente começava a rememorar momentos seus com Felipe, enquanto era tomada pelo sono. Antes que percebesse, lá estava ela novamente fora do corpo e diante de Felipe, que dormia.

— Ai, meu Deus! O que estou fazendo aqui? — espantou-se a garota.

Demoraram alguns segundos até que ela caísse em si e percebesse que mais uma vez havia deixado momentaneamente o corpo, que repousava em sua casa.

— Nossa, aconteceu de novo. Mas por que isso está acontecendo comigo?

Consciente do que havia acontecido, a garota sentiu que invadia a privacidade do amigo e logo procurou sair do quarto do rapaz o mais rápido possível. Como em um piscar de olhos, viu-se de imediato diante de um estranho casebre — o mesmo local em que estivera da outra vez que conseguira sair do corpo.

— Não entendo. Por que vim parar aqui novamente? — questionou-se.

Então, parada diante da porta e sentindo como se algo a impulsionasse a entrar naquela casa, a garota não pensou duas vezes, pois tudo o que queria era tentar entender o que aquilo significava e os motivos que a faziam deixar o corpo enquanto dormia.

Respirando profundamente, aproximou-se da porta a fim de abri-la mais uma vez e descobrir de uma vez por todas o que havia naquele lugar para ela estar ali de novo.

Estamos em 1995, quando Tamara tinha apenas sete anos de idade e morava com a família em sua antiga cidade.

— Bom dia, mamãe! — disse ela, chegando à cozinha para tomar café.

— Bom dia, Tamy! Dormiu bem, meu amor? — questionou sua mãe enquanto colocava leite em sua xícara.

— Sim! Tive novamente aquele sonho em que era uma linda princesa e morava em um grande castelo encantado — falou ela, gesticulando com as mãos.

— Mas você já é a minha princesa mais linda deste mundo! — comentou a mãe, abraçando-a carinhosamente.

— O papai e meu irmão já saíram?

— Sim, saíram deve ter quase uma hora. Seu irmão enfim conseguiu acordar cedo e foi para a escola de carona com seu pai.

— Entendi. Será que mais tarde a senhora me deixa ir brincar ali na pracinha?

— Claro, meu amor. Só não fique muito tempo, para não almoçar tarde e se atrasar para a escola. Lembre-se de que a perua da escola passa aqui às treze horas.

— Eba! Pode deixar — alegrou-se Tamara, enquanto terminava seu café.

Algum tempo depois, lá ia Tamara, dirigindo-se à pracinha. Era um local a apenas uma quadra de onde moravam. Toda arborizada e florida, a pracinha era um espaço bastante frequentado pelas famílias da região. Muitos pais costumavam levar os filhos para brincar no *playground*.

Tamara era uma menina que dificilmente participava de alguma brincadeira com as outras crianças; na maioria das vezes ficava brincando sozinha, pois geralmente se imaginava em meio às mais diversas fantasias. Seus gestos espalhafatosos, além de sons que fazia com a boca, acabavam influenciando um pouco as outras crianças, que se sentiam intimidadas em tentar se aproximar dela. Todas, exceto uma criança, Luciana, que achava graça em ver a menina se divertindo sozinha. Luciana, sempre que podia, ia até a pracinha para brincar. Como sua família morava a cerca de vinte quarteirões dali, a menina ia até o local para se divertir no *playground*. Luciana era a filha do meio entre os três filhos que o casal Horácio e Carmen possuía. Então, sempre que podia, ia até a pracinha sem que os pais soubessem, pois, como os pais da menina eram muito pobres e ela costumava vender balas no farol para auxiliar nos custos da casa, toda vez que seu pai descobria que ela não estava fazendo seu trabalho, aquilo o irritava profundamente.

Aquela não era a primeira vez que Luciana ia à pracinha para brincar. Mas em geral não costumava brincar com as outras crianças, pois sempre que estava em algum brinquedo, devido às vestes pobres, as mães das outras crianças evitavam que os filhos ficassem perto dela. Sendo assim, na maioria das vezes, quando havia muitas crianças, ela ficava apenas observando-as de longe enquanto brincava de desenhar com um graveto na terra. E, sempre que ia à pracinha e encontrava Tamara brincando e gesticulando sozinha, ficava encantada com a garota. Luciana chegara a pensar algumas vezes em se aproximar da menina, mas, com vergonha de não ser bem-vinda por causa de suas vestes, sempre acabava desistindo.

Porém, aquele dia seria diferente. Sentada ao lado de uma árvore e bem próximo de onde Tamara brincava, Luciana acompanhava com atenção os gestos da menina, quando viu que ela, de olhos fechados, seguia rapidamente em direção a um dos brinquedos. Tamara costumava fazer muito aquilo: correr de olhos fechados e gesticulando. Preocupada com que a garota fosse se machucar por não ver que seguia de encontro às balanças, onde algumas crianças brincavam, Luciana se levantou com rapidez e correu na direção da menina.

— Ei, cuidado! — gritou ela, tentando alertá-la.

Contudo, Tamara estava tão concentrada na própria fantasia, que nem ouviu os gritos da menina. Então, antes que ela fosse atingida pela balança, com um pequeno salto, Luciana se jogou sobre a menina, derrubando-a e, para sorte de Tamara, evitando que a balança batesse com toda a força contra sua cabeça.

— Cuidado, menina! — gritou Luciana, empurrando Tamara, que, para sua sorte, tivera apenas um dos pés da criança na balança esbarrando em sua cabeça.

— Ai! — espantou-se Tamara, sem entender o que acontecera ao cair com Luciana.

Levando a mão até a cabeça após o tombo, Tamara, confusa, não conseguiu compreender por que a menina a havia derrubado.

— Por que fez isso, menina? — criticou Tamara, achando que Luciana a havia derrubado sem nenhum motivo.

A menina até que tentou se explicar, mas, como começaram a aparecer alguns adultos para ver o que tinha acontecido, Luciana sentiu-se acuada por ver que, ao derrubar Tamara, havia feito com que esta sujasse a roupa toda e decidiu sair correndo.

— Ei, você está bem, menina? — questionou uma das mães a Tamara, ajudando-a a se levantar.

— Tudo bem. Só não consigo entender por que aquela menina me derrubou — tentou entender Tamara, limpando as mãos e a calça, que, nos joelhos, estava suja de terra.

Para azar de Luciana, ninguém havia visto que sua intenção era apenas evitar que Tamara se machucasse quando a empurrara. Cabisbaixa por não terem compreendido sua boa intenção, ela apenas pegou a caixa de balas que vendia e foi embora, sentindo-se triste e desconsolada.

Ao ver Tamara chegar toda suja e com uma pequena escoriação na testa, sua mãe, assustada, logo indagou à garota o que havia acontecido.

— Então, eu estava lá brincando na pracinha e, sem que eu percebesse, uma menina veio por trás e me empurrou.

— Puxa, coitadinha... Você se machucou? — quis saber a mãe, agachando-se, preocupada em examinar a filha.

— Não, está tudo bem. Tive só este arranhão aqui na testa porque esbarrei em um menino na balança, mas acho que não foi nada de mais.

— Ainda bem. E você não sabe o motivo para essa menina ter te empurrado? Chegou a ver se ela estava com os pais ou algum adulto?

— Não sei dizer. Acho que não. Tudo aconteceu tão rápido que, assim que percebi, ela já tinha saído correndo.

— Bom, de qualquer forma, quero que fique um tempo sem ir até lá. Vai que a tal da menina apareça novamente... Até sabermos o motivo, é bom evitar.

Passaram-se então os dias, as semanas, e, após muita insistência da filha em voltar a brincar na pracinha, dona Cecília, mãe de Tamara, julgando já ser seguro deixar a filha voltar a brincar no *playground*, aceitou que ela fosse. Porém, fez questão de levá-la, para ficar de olho nela e ter certeza de que ficaria tudo bem.

Como esperado, a menina conseguiu se divertir tranquilamente sob o olhar atento da mãe, que viu a filha brincando em meio a suas fantasias imaginárias sem nenhuma outra criança a importunando. Realmente, após o ocorrido, quando derrubara Tamara, Luciana não tinha mais voltado à pracinha, com medo de represálias. Seguia obedecendo às ordens de seu pai, vendendo balas em um farol não muito distante dali.

Os dias passaram e, durante um sábado, retornando de carro com os pais e o irmão depois de passearem no *shopping*, Tamara se surpreendeu quando pararam em um farol próximo da casa deles e ela reconheceu a garota que a havia derrubado assim que esta se aproximou do carro para vender balas.

A garota, de olhar sofrido e pés descalços, tinha se aproximado da janela do carro da família a fim de lhes oferecer um pacotinho de balas para ajudar no sustento de sua casa. Como Tamara estava sentada na parte de trás do veículo, e este possuía os vidros escuros, Luciana nem percebeu que a menina a observava, curiosa por reencontrá-la.

Usando praticamente as mesmas roupas que usava quando a derrubara na pracinha, a garota se aproximou da janela oferecendo as balas e dizendo que estariam ajudando no sustento de sua casa.

O pai de Tamara, o senhor Maurício, não costumava abaixar os vidros, muito menos comprar nada em faróis, justamente pelo receio de não saber as reais intenções das pessoas, mas, ao perceber que se tratava de uma garotinha aparentando ter a mesma idade de sua filha, decidiu ajudá-la, comprando dois pacotinhos de balas e deixando que ela ficasse com o troco da nota que havia lhe dado.

Bastante surpresa com a generosidade, a garota abriu-lhe um grande sorriso e agradeceu, pedindo que Deus lhe desse em dobro o que tinha lhe dado, enquanto se afastava do veículo e se dirigia para a calçada, onde outras crianças a aguardavam.

Sentindo pena da situação da menina, Tamara chegou em casa sem conseguir tirar aquela imagem da cabeça. Lamentava que uma menina com sua idade tivesse de trabalhar para ajudar no sustento da casa, ainda mais passando sabe-se lá quanto tempo ali no farol, andando de um lado para o outro, descalça e talvez até sem comida.

Após passar praticamente o final de semana inteiro pensando na triste situação da menina, Tamara decidiu fazer algo por ela. Como imaginava que a garota tivesse quase a mesma altura que a sua, e como possuía alguns calçados que estavam sobrando, decidiu colocar dois pares em uma sacola a fim de tentar reencontrá-la e lhe entregar. Sem contar suas intenções para a mãe, considerando que esta não aprovaria, assim que acordou, Tamara logo desceu para tomar café, decidindo que, com a desculpa de que iria brincar na pracinha, seguiria para o farol em que havia avistado a menina vendendo balas. Por se tratar de um local relativamente próximo a sua casa, considerava que não encontraria dificuldades em chegar lá.

Após tomar café e sem que a mãe percebesse, Tamara, com uma pequena sacola, foi primeiro até a geladeira para pegar algumas frutas e em seguida até o armário para pegar alguns biscoitos. E, aproveitando que a mãe estava distraída colocando as roupas para lavar na máquina, pegou rapidamente as sacolas com os tênis e a comida e saiu, gritando para a mãe que estava indo à pracinha. Aquela seria a primeira vez que a menina mentiria para a mãe, por isso torcia para que ela não descobrisse, pois, mesmo se tratando de uma boa causa, tinha certeza de que ela ficaria brava se soubesse o que Tamara estava prestes a fazer.

O dia estava bastante ensolarado, e o farol em que tinha visto a menina ficava a cerca de cinco minutos de sua casa. Normalmente, quando Tamara saía sozinha de casa, o único lugar a que se dirigia, e aquele para o qual a mãe confiava que ela seguisse, era a pracinha. Mas, como também já tinha ido algumas vezes a pé com a mãe até a padaria e ao merca-dinho, que ficavam perto daquela região, ela conhecia bem as ruas do entorno de sua casa.

Ir ao encontro da menina sem saber se ela estaria lá e talvez não ter a sorte de encontrá-la eram riscos que Tamara estava disposta a correr, pois a cena da menina descalça de fato a havia impactado. Sem demora, enfim chega à rua, mas, para sua tristeza, notou que a menina infelizmente não estava lá.

— Puxa, ela não está aqui — lamentou-se Tamara.

Porém, aproximando-se um pouco mais, notou que um garoto que ela também tinha visto com a menina naquele dia estava por lá. Ele aparentemente vendia as mesmas balas que a menina. "E agora? Pergunto se ele a conhece e deixo estas coisas com ele? Mas e se ele não entregar a ela?", questio-nou-se, sem saber o que fazer.

22

Após pensar por alguns instantes, Tamara decidiu que não arriscaria deixar aquela sacola com ele, uma vez que queria ter certeza de que aqueles calçados chegariam até a menina. E, quando se preparava para voltar para casa, sentindo-se desconsolada por não tê-la encontrado, percebeu que o garoto preparava-se para ir embora, pois este tinha atirado no canteiro a caixa vazia das balas que havia vendido e em seguida se dirigido a uma árvore da calçada para pegar uma sacolinha com alguns pertences. Com ares de quem tinha conseguido vender todo o estoque de balas que havia trazido, o garoto, que devia possuir cerca de nove anos de idade, rapidamente agarrou suas coisas e então seguiu para outro local.

— Puxa, e agora? Será que eu o sigo para ver se encontro aquela menina? — indagou-se Tamara, temerosa. — Mas e se for perigoso? Minha mãe me mataria se soubesse o que estou fazendo... Talvez seja melhor deixar para lá.

Dando as costas ao garoto que partia, Tamara logo se recordou da imagem da garota descalça e, tendo o coração apertado, decidiu arriscar-se e o seguiu.

— Tudo bem, será apenas por algumas quadras. Se perceber que ele está indo longe demais, ou a algum lugar que não conheço, eu desisto e volto para casa.

Dificilmente Tamara faria algo assim: sair de casa para ajudar uma menina que ela mal conhecia e ainda arriscar-se seguindo um garoto. Mas, de alguma forma, a imagem daquela menina de aspecto sofrido vendendo balas no farol para ajudar no sustento de sua casa havia mexido com ela. Em seu coração, sentia que poderia ajudá-la de alguma maneira. E foi com esse pensamento que Tamara seguiu o garoto de longe, acompanhando seus passos enquanto ele avançava pelas ruas adiante.

A cada rua, Tamara dizia para si mesma que o acompanharia somente mais um pouco; somente mais um pouco... Porém, quando se deu conta, notou que já o havia seguido muito mais do que deveria, pois estava em um local desconhecido. E, para seu espanto, viu que não sabia mais como retornar para casa. Em um local bastante afastado das casas e construções que conhecia, estava diante de uma rua com vários casebres de aspecto bem simples e humilde.

— Ai, meu Deus, onde é que eu vim parar? — preocupou-se a menina.

Sentindo-se bastante aflita por estar sozinha ali naquele lugar, assim que pensou em dar meia-volta e sair correndo, percebeu que o garoto que seguia havia entrado em um dos casebres não muito distante de onde ela estava. "E agora? Será que é ali que mora aquela menina?", pensou Tamara, considerando se saía correndo ou se arriscava ir até lá.

Com o coração apertado, Tamara respirou fundo e decidiu que, já que tinha chegado até ali, pelo menos tentaria descobrir se era lá que a menina morava. Decidida, fechou rapidamente os olhos e respirou fundo, torcendo para que fosse aquele o lugar, enquanto começava a atravessar a rua. Porém, distraindo-se um pouco ao fechar os olhos, à medida que avançava pela rua, a menina foi surpreendida por um garoto que vinha a toda velocidade em uma bicicleta, acertando-a em cheio.

*

— Mamãe, ela já está acordando! — avisou alguém sentado ao lado de Tamara.

— Ai, minha cabeça — reclamou Tamara, procurando se levantar.

— Ei, ei, não se levante, mocinha. Você deve repousar — aconselhou uma gentil senhora de aspecto bastante sofrido.

— Mas o que houve? Onde eu estou? — indagou Tamara, confusa.

— Você está na minha casa, menina. Estava voltando da casa de uma amiga quando vi você sendo atropelada por um moleque de bicicleta e avisei minha mãe. Então decidimos trazer você para cá, já que ficou caída no chão enquanto o moleque fugiu assustado.

Virando-se para observar quem era aquela pessoa que a havia ajudado, Tamara, com um pouco de dificuldade, já que o local em que estava não possuía iluminação e a pouca luz que entrava pela janela não iluminava totalmente o ambiente, enfim percebeu que se tratava justamente da mesma menina que ela tinha ido procurar.

Retornando ao ano de 2003, vemos Tamara espantar-se ao acordar, sem conseguir recordar o que, afinal de contas, havia dentro daquele casebre.

— E agora? Não consigo me lembrar! — esforçava-se ela.

Por mais que tentasse se lembrar, a memória do que tinha visto simplesmente havia desaparecido.

No dia seguinte, na escola, Tamara procurou sua amiga Amanda para lhe contar sobre o que havia acontecido. Esta, preocupada, tentou encontrar uma solução para ajudá-la.

— Ai, amiga, não estou gostando desta história de você tentar fazer contato com esse Sérferus.

— Confesso que no início também tive bastante receio, mas não sei como explicar... tem algo de familiar nele e sinto que devo ajudá-lo.

Enquanto as amigas buscavam uma solução, quem também tentava encontrar uma, porém para reconquistar seu amado Nícolas, era Bianca.

Desde que o rapaz começara a se envolver com Tamara, ele nunca mais tivera olhos para Bianca. E, por mais que ela tentasse se reaproximar dele, fazendo charme, tudo em que ele pensava era quais seriam os motivos para Tamara ter se afastado — fato esse que deixava Bia cada vez mais revoltada.

— Droga, não acredito que, por mais que eu tente, não vá conseguir reconquistar meu amado — reclamou Bianca, já em casa após a escola e jantando com a mãe, a senhora Sofia Lemos.

— O que foi, minha filha? Por que está aí resmungando? — questionou sua mãe.

— Ah, mamãe, é o Nícolas. Por mais que eu tente, não consigo fazê-lo voltar a se interessar por mim.

— Talvez você não esteja fazendo direito, minha filha. Já se esqueceu do que lhe ensinei sobre como se deve conquistar um rapaz? — explicou ela fazendo alguns gestos , antes de prosseguir: — Como você acha que consegui conquistar seu pai? Uma mulher deve saber exatamente como usar seus dotes. Você jamais deve se entregar a ele por completo. Deve primeiro seduzi-lo pouco a pouco, até que consiga fazê-lo "comer em sua mão" — disse ela, às gargalhadas. — Termine logo de comer e venha comigo. Vou lhe ensinar mais alguns truques para que você conquiste este rapaz de uma vez por todas — concluiu, deixando a filha com um largo sorriso no rosto.

Passadas algumas semanas sem que Tamara voltasse a ter aqueles sonhos em que saía do corpo, e sem conseguir encontrar alguma explicação que as ajudasse, as garotas deixaram um pouco de lado essas questões para começarem a planejar os preparativos para um grande evento: o tão aguardado aniversário de quinze anos de Tamara.

— E então, seus pais conseguiram mesmo reservar aquele lugar que você tanto queria para a sua festa? — questionou Amanda.

— Pelo que conversei com minha mãe, está quase tudo resolvido.

— Mas não iria ficar muito caro?

— O meu pai conhece um dos donos e ele conseguiu um preço bem mais em conta para a reserva. Em relação à decoração, ela será emprestada por uma moça que minha mãe conhece. Parece que ela trabalha com eventos e tem, inclusive, algumas pessoas para indicar a fim de ajudar a servir os convidados. E, como elas são bem amigas, também sairá mais barato. Já em relação ao que será servido, minha mãe disse que tem outra conhecida dela que vai indicar um lugar que faz um preço muito bom. Só precisamos agora escolher um DJ para tocar na festa — comentou Tamara, empolgada.

— Eba! Se tudo sair como você tem planejado, sua festa vai ser linda e inesquecível. Você tem mais é que aproveitar! — comemorou Amanda, abraçando a amiga.

— Obrigada. Esta festa será para você também, amiga. Foi realmente uma pena que seus pais não tenham conseguido fazer a festa que você tanto queria — lamentou Tamara.

— Pois é... mas não se preocupe. Eu já imaginava que teríamos apenas um bolinho aqui em casa mesmo. Minha família estava muito apertada com as contas para bancar uma festa.

— Foi mesmo uma pena.

Ter uma linda festa de aniversário de quinze anos era um grande sonho de Tamara. Fazia bastante tempo que ela vinha conquistando os pais para atenderem a esse desejo. Em sua mente, já havia planejado praticamente tudo para sua festa de debutante: desde as cores da decoração, o bolo, o vestido, até o baile. Tudo estava devidamente pensado. Apenas um detalhe a incomodava: quem seria seu par.

No dia seguinte, na escola, Nícolas, que vinha sofrendo bastante por Tamara ter se afastado dele, decidiu procurá-la para enfim abrir seu coração. Ficar longe dela o fizera perceber o quanto tinha se sentido feliz durante os breves momentos que haviam passado juntos. E, procurando-a durante o intervalo das aulas, o rapaz lhe questionou se poderiam conversar.

— Oi, Tamara! Desculpe vir importuná-la, mas precisava muito conversar com você — solicitou o rapaz, com um simpático sorriso.

— Ah, oi, Nícolas... — respondeu Tamara, surpresa por reencontrá-lo.

Ocorria que, devido aos problemas que estava tendo para tentar descobrir o que de fato acontecia com ela ao cair no sono e se ver fora do corpo, Tamara andava muito ocupada. Por mais que o fato de Nícolas tê-la deixado para ir conversar com Bia na festa lhe partisse o coração, não dar atenção ao rapaz de quem ela tanto gostava era muito difícil. Porém, sua prioridade agora era resolver aquela questão dos sonhos.

— Puxa, Nícolas, é que estou com um pouco de pressa... — comentou ela, sem jeito.

Contudo, Nícolas estava realmente muito triste por eles terem se afastado sem que ambos definissem muito bem qual era a situação deles e, mesmo evitando ser inconveniente, decidiu insistir.

— Eu compreendo, mas é mesmo muito importante. Gostaria de conversar com você. Por favor — disse ele, praticamente implorando.

Sentindo-se triste por parecer desprezá-lo, a garota acabou aceitando.

— Tudo bem, podemos conversar — falou ela, enquanto se dirigiam a um dos bancos do pátio do colégio.

Enquanto conversavam, quem passou pelo pátio e os viu foi Felipe. Este, que parecia estar feliz com a amizade que vinha mantendo com Jéssica, ao vê-los juntos, sentiu-se estranho ao presenciar aquela cena . Parecia sentir um grande vazio, uma profunda dor em seu coração e um sentimento de tristeza.

Ocorria que, mesmo não estando com Tamara e deixando-se envolver por Jéssica, no fundo a antiga paixão que sentia pela garota ainda batia bem forte em seu coração.

Observando-os de longe, Felipe sentiu-se ainda mais desconsolado quando os viu se abraçarem. E, ainda que não soubesse o que de fato aquele abraço significava, provocou-lhe o surgimento de uma pequena lágrima.

O que Felipe nem imaginava era que naquele mesmo dia outra pessoa pretendia se declarar a ele. Acompanhando tudo de longe, Jéssica tinha visto quando ele parara atrás de um pilar e ficara observando Tamara e Nícolas conversarem, bem como sua reação de tristeza ao vê-los se abraçarem — fato esse que a fez manifestar um malicioso sorriso de alegria, pois, se é que Felipe ainda sentia algo por Tamara, ela tinha certeza de que esse sentimento havia acabado ali.

Então, querendo se aproveitar do momento para tirar vantagem e sentindo que Tamara enfim havia saído do pensamento de Felipe, Jéssica logo considerou que aquele era o momento ideal para declarar-se a ele. Disfarçadamente, como se tivesse acabado de chegar, a garota correu em sua direção.

— Achei você! — comemorou Jéssica, abraçando-o por trás, enquanto ele discretamente enxugava a lágrima, tentando disfarçar o que fazia.

— Ah, oi — respondeu ele, virando-se.

— Eu estava procurando você; que bom que te achei! — sorriu ela, segurando sua mão, e prosseguiu: — Tem uma coisa que preciso muito falar com você. Ia esperar até o final de semana, mas acho que é melhor falar agora.

— Tudo bem, pode falar.

— Felipe, eu não sei se você sabe, mas termos nos tornado amigos foi uma das melhores coisas que me aconteceu. Quando estou com você, sinto meu coração disparar de felicidade. Seu jeito, seu sorriso, tudo em você me deixa muito feliz. Não aguento mais conter esse profundo sentimento aqui no meu peito. Felipe, você quer ser meu namorado?

23

Como havia chegado o final de semana e faltavam apenas três semanas para sua tão sonhada festa de aniversário, Tamara, que já havia terminado quase todos os preparativos do evento, decidiu que era hora de enfim fazer o esperado convite àquele que ela havia escolhido como seu acompanhante naquele dia tão importante.

O dia estava bastante ensolarado, porém não muito quente, graças a algumas nuvens e uma refrescante brisa. Com uma blusa amarela, *shorts* jeans e duas coloridas presilhas nos cabelos ruivos, a garota seguia ansiosa e apreensiva, pensando em qual seria a resposta de seu convidado. Segurando nas mãos um pequeno, porém vistoso convite, logo seguiu sorridentemente para entregá-lo.

Diante da porta da casa, após tocar a campainha, Tamara começou a ter receio de que aquela talvez não tivesse sido uma boa ideia.

— Mas e se eu estragar tudo? E se ele pensar algo errado sobre mim?

Quando a garota virou-se de costas, com dúvida sobre se deveria ir embora ou não, a porta se abriu e uma voz conhecida demonstrou espanto por vê-la ali.

— Tamara?

Sem graça, ela virou-se, enquanto passava a mão nos cabelos, e timidamente sorriu para o amigo, cumprimentando-o:

— Oi, Fê.

— Olá. Está tudo bem? — surpreendeu-se ele.

— Ah, está sim... E você, como está? Faz um bom tempo que não conversamos — disse ela, meio sem jeito.

— Sim, estou bem. Pois é, faz tempo mesmo — respondeu Felipe, com ares de decepção.

No fundo, Tamara também se sentia um pouco decepcionada consigo mesma. Desde que começara sua amizade com Jéssica, e depois, logo em seguida, com Nícolas, acabara se afastando do amigo. Somente após ter ficado distante dele foi que realmente começou a perceber o quanto sua amizade era importante.

— Então, sabe o que é... não sei se você lembra, mas está chegando o meu aniversário e eu gostaria muito que você fosse. Será daqui a três semanas — comentou Tamara timidamente, entregando-lhe o convite.

— Hum, legal — respondeu ele um pouco secamente, enquanto pegava o convite sem nem mesmo abri-lo.

Como a garota percebeu que o amigo estava diferente, como se estivesse chateado com algo, decidiu questioná-lo:

— Fê, aconteceu alguma coisa? Você parece um pouco distante.

Chateado e sentindo-se traído pela amiga desde que ela começar a se relacionar com Nícolas, Felipe não conseguia tirar da mente a lembrança de quando os vira se abraçando, justamente no dia em que ele havia decidido declarar-se para ela.

— Não aconteceu nada — replicou ele, cabisbaixo.

Com dúvida sobre se, além de convidá-lo para a festa, também deveria convidá-lo para ser seu príncipe no baile, uma vez que não tinha certeza de se ele e Jéssica estavam juntos, pois os havia visto conversarem com bastante intimidade apenas uma vez na escola, Tamara ficou alguns segundos em silêncio.

Com Felipe parado à sua frente e com este também parecendo tenso com aquela situação, ela respirou fundo e, tomando coragem, decidiu seguir adiante e convidá-lo:

— Fê... — iniciou ela, mas foi logo interrompida pelo garoto:

— Eu e a Jéssica estamos namorando.

Sem pronunciar mais uma única palavra, Tamara apenas olhou em seus olhos, enquanto ele, que até então tentava evitar encará-la, levantou os olhos em sua direção.

— Ah... — comentou a garota, sentindo um grande aperto no coração.

Surpresa com aquela revelação e com os olhos úmidos, tendo uma teimosa lágrima insistindo em escorrer por seu rosto, a garota abaixou a cabeça e rapidamente levou a mão ao olho, tentando disfarçar sua decepção.

Era certo que nos últimos tempos ela tivera uma aproximação com Nícolas, por quem nutria, havia muito tempo, certa atração, mas, após conhecê-lo mais intimamente, Tamara começara a ter dúvidas de se realmente sentia algo por ele e se gostaria que ele fosse seu par na tão sonhada festa de quinze anos. Ter Felipe como seu par fora algo que chegara a passar por sua mente algumas vezes, mas, como ambos eram muito amigos e ela não queria, com aquele convite, estragar a amizade que considerava tão importante, tinha dito a si mesma que ambos eram apenas bons amigos.

— Pois é... — disse ele.

Ocorria que o coração de Felipe pertencia a Tamara, mas, como este estava sentindo que havia sido deixado de lado e trocado por Nícolas quando os vira se abraçarem carinhosamente na escola, e pensando que por certo a amiga escolheria o garoto para ser seu príncipe no baile, e não ele, não pensara duas vezes ao lhe responder que havia aceitado namorar Jéssica. Queria assim tentar mostrar à amiga que, se ela estava com Nícolas, ele também estava com Jéssica.

— Fico feliz por vocês... — respondeu a garota, tentando esconder o ar de decepção.

Como ambos pareciam não conseguir expressar de verdade seus sentimentos, e tentando evitar qualquer constrangimento, Tamara tentou ser simpática e logo estendeu o convite a Jéssica.

— Se quiser, pode convidá-la para ir com você — comentou ela, recompondo-se e tentando expressar um leve sorriso.

— Hã-hã — respondeu ele, acenando levemente com a cabeça.

— Bem, já vou indo, então — despediu-se Tamara, sem saber com quem Felipe realmente desejava ir àquela festa.

Bastante chateada e ainda surpresa por descobrir que o amigo e Jéssica haviam começado a namorar, Tamara foi até a casa de Amanda para desabafar.

— Puxa, amiga, eu ainda não acredito que o Fê e a Jéssica estão namorando — lamentou Tamara, enfiando a cabeça embaixo do travesseiro de Amanda.

— Ai, Tamy, não fique assim. Além do mais, você não acha que demorou demais para se declarar ao Felipe?

— O quê? Declarar-me para ele? — Tamara tirou o travesseiro de cima da cabeça e logo informou: — Mas nós somos apenas amigos. Eu já disse. Iria convidá-lo para ser meu par apenas porque... — Não conseguiu completar a frase, pois foi logo interrompida pela amiga.

— Ai, Tamy, quer parar de se fazer de desentendida? Eu já sei que você gosta do Felipe, só você que ainda não percebeu. Aliás, tendo o Nícolas aos seus pés, não sei como você ainda pode ter olhos para ele. Ai... é o Fê — comentou Amanda, fazendo cara de desgosto.

Como Tamara continuou abraçada ao travesseiro e cabisbaixa, Amanda lhe disse que ela não podia ficar sem um acompanhante para seu baile.

— Não fique assim, Tamy, será o seu grande dia e você terá que escolher um substituto. E nós já sabemos quem vai ser — sorriu a amiga, enquanto Tamara erguia os olhos, já antevendo o que ela iria dizer. — Você deve chamar o Nícolas.

Na semana seguinte, como faltavam apenas três semanas para sua festa, assim que chegou à sala, Tamara passou uma lista entre os colegas, convidando-os e pedindo que aqueles que realmente fossem a preenchessem com seu nome, também sendo permitido que cada um levasse um acompanhante. Como ela tinha poucos amigos e gostaria que sua festa tivesse muitos convidados, em conjunto com os pais, havia decidido que chamaria todos os colegas de classe, pois o lugar do evento estaria preparado para receber até cem pessoas. Os únicos a serem convidados que não eram de sua classe seriam Felipe e Nícolas. Porém, havia mais alguém que fazia questão de estar presente naquela festa: Bianca.

Passados dois dias, como soubera por intermédio de uma colega da sala de Tamara que esta pretendia dar uma festa de debutante e havia boatos de que ela convidaria Nícolas para ser seu par, Bianca quis logo tirar satisfação com a garota, pois nas últimas semanas ela vinha tentando de tudo para reconquistar o rapaz, como sua mãe havia ensinado, mas nada parecera surtir efeito.

— Eu preciso fazer algo. Tenho que ir de qualquer jeito a essa festa e impedir isto — esbravejava Bianca, enquanto procurava a garota.

Ao avistá-la, em sua mente revoltada, ela já se preparava para lançar todo o seu descontentamento sobre Tamara, alegando que ela estivera em sua festa de aniversário; porém, a poucos metros dela, decidiu abordá-la de outra forma. Tentaria convencê-la gentilmente — afinal, ela não poderia correr o risco de não ir àquela festa e ver seu amado Nícolas nos braços de outra.

— Tamara, oi! — disse ela, aproximando-se como se ambas fossem boas amigas.

— Ah, oi... — surpreendeu-se Tamara com o abraço de Bianca.

— Você está bem? Faz tempo que não te vejo — comentou, tentando conquistá-la.

— Estou bem, obrigada.

Sem perda de tempo, Bianca entrou no assunto:

— Então, eu soube que você vai fazer aniversário e que será em uma chácara. Puxa, que legal! Meus parabéns, você merece! — sorriu ela, tocando em seu ombro.

— Obrigada — respondeu Tamara timidamente.

— Puxa, eu sempre quis participar de uma festa em uma chácara, sabe? Tenho certeza de que deve ser um evento inesquecível. Também gostaria que minha festa tivesse sido como a sua, mas infelizmente não deu. Aliás, fiquei muito feliz por você ter ido a minha festa — sorriu ela maliciosamente.

Na mente de Tamara, recordar-se daquela festa não foi muito agradável, pois, só de lembrar tudo o que lhe acontecera, dava vontade de apagar aquele dia de sua vida. E, como Bianca parecia outra pessoa, e não aquela garota que tanto implicara com ela no passado, pois estava parada ali, toda sorridente, a sua frente, decidiu dar-lhe um voto de confiança. Era certo que Tamara fora ao aniversário de Bianca apenas porque, na época, Nícolas impusera essa condição para que ele mesmo fosse, mas, como Tamara dificilmente guardava rancor de alguém, decidiu retribuir o convite.

— Fico contente por saber. Você gostaria de ir a minha festa?

— Sério que eu posso ir? — alegrou-se Bianca, abraçando-a falsamente.

Após correr o boato de que Tamara iria convidar Nícolas para ser seu príncipe no baile, Felipe, muito chateado, começou a pensar em não ir àquela festa. O que menos queria era ver a garota de que tanto gostava dançando com outro. Mas havia alguém que não pretendia perder a oportunidade de mostrar para todos daquele baile sua conquista: Jéssica. Após ter preenchido a lista da festa informando que iria, restava agora ter certeza de que Felipe seria seu par — o que, para ela, seria óbvio, uma vez que ambos estavam namorando. E nada melhor do que darem o tão aguardado primeiro beijo na festa de Tamara, selando de vez aquele sonhado relacionamento.

Assim que assinou a lista, Jéssica logo quis correr até Felipe para informá-lo do evento, mas, por mais que o procurasse, não o encontrava. Muito ansiosa e preocupada com onde ele estaria, depois do fim das aulas daquele dia, saiu novamente com rapidez a sua procura, avistando-o ao longe, já no portão de saída da escola.

— Felipe! — gritou ela, tentando chamá-lo enquanto corria em sua direção.

Ao aproximar-se dele e ver que este, atravessando a rua, ainda não a ouvira, Jéssica acelerou ainda mais os passos, tentando alcançá-lo, sem perceber que algo vinha em sua direção — era um pequeno veículo cujo motorista, ao perceber que a garota havia entrado em sua frente, fez de tudo para frear, mas infelizmente acabou acertando-a.

Assim que terminou de atravessar a rua, ao ouvir a voz de Jéssica parecendo chamá-lo, Felipe se virou, mas foi surpreendido pelo barulho do carro freando bruscamente, seguido de um impacto e tendo a amiga caída à frente do carro.

— Jéssica! — gritou ele, levando as mãos à cabeça e correndo em sua direção, enquanto as pessoas presentes, também muito assustadas, logo começaram a gritar para alguém chamar uma ambulância.

Quando foi à noite, com bastante dor na cabeça por causa da pancada, Jéssica abriu os olhos e percebeu o amado sentado em uma poltrona junto dela no leito.

— Ei, você está bem? — sorriu ele, ao perceber que ela tinha acordado.

— O que houve? — questionou, ainda confusa.

— Um carro te atropelou. Mas, afinal, o que deu em você para atravessar a rua daquele jeito? — perguntou Felipe, ficando em pé ao seu lado.

Por sorte, o carro havia conseguido frear quase por completo, e o impacto na garota não havia sido muito forte. Ela tivera apenas algumas escoriações e hematomas, além de um osso fraturado na região do tornozelo.

— Desculpe, é que eu precisava muito falar com você — disse Jéssica com olhar de choro, e prosseguiu: — Você quer ser o meu par no baile de aniversário da Tamara?

24

Ao saber do acidente de Jéssica, Tamara foi ao hospital para vê-la. Mesmo ciente de que ela e Felipe tinham começado a namorar, ela lhe disse que sua amizade era muito importante e que ficaria muito feliz se ela fosse a sua festa. Jessica se emocionou pelo gesto da garota, e em seu coração surgiu uma ponta de arrependimento por tê-la separado de Felipe.

Enfim chegou o dia tão sonhado por Tamara: seu aniversário de quinze anos. E, mesmo não tendo ao seu lado para acompanhá-la o par de que tanto gostaria, havia decidido fazer daquele dia um momento inesquecível em sua vida. Fora um dia repleto de alegrias, começando pelo café da manhã especial que sua mãe havia lhe preparado, seguido de um almoço-surpresa com seu irmão Fabrício, quando ambos foram a um restaurante que sempre haviam tido vontade de conhecer, e, à tarde, foi a vez de sua amiga Amanda ir buscá-la para um rápido, porém agradável, passeio com direito a piquenique em um florido parque próximo de onde moravam. Como o dia estava quente e ensolarado, as amigas conseguiram aproveitar bastante. Riram muito, brincaram e também comeram os lanchinhos que Amanda havia preparado cuidadosamente.

De fato, estava sendo um dia inesquecível para Tamara, que, após se despedir da amiga, seguiu com rapidez para sua casa para enfim começar a se preparar para a aguardada festa, que ela esperava estar cheia de gente. Apesar de não conversar com muitos colegas de sua sala, quase todos haviam confirmado presença.

Após Tamara tomar um belo banho, sua mãe logo a procurou para ajeitar seus lindos cabelos ruivos. Como eles eram levemente cacheados nas pontas, haviam optado por fazer um delicado penteado que consistia em reunir algumas mechas em uma única trança que vinha desde a lateral da cabeça, deixando o restante do cabelo solto. Logo em seguida, foi a vez de colocar o belo vestido que havia escolhido. De cor rosa e com decote em V, além de alguns detalhes em tons um pouco mais escuros e acabamento em pedras prateadas na região do peito e dorso, assim que se viu no espelho, Tamara não conteve a emoção e seus olhos se encheram de lágrimas ao ouvir da mãe que ela parecia uma princesa. Para completar, utilizaria lindas sandálias prateadas e um discreto, porém vibrante, conjunto de joias, que consistiam em um par de brincos, um colar e uma pequena tiara devidamente colocada sobre o penteado.

— Puxa, você está linda, minha filha! — espantou-se o pai, o senhor Maurício.

— O papai tem razão; nem parece aquela menina desajeitada de sempre — brincou Fabrício.

— Podemos ir quando quiserem — informou sua mãe, a senhora Cecília.

Iriam em dois carros: no de Fabrício, que estava todo feliz com o carro que enfim tinha conseguido comprar havia alguns meses, e no do senhor Maurício, uma vez que este iria levar sua irmã Roberta acompanhada de seu marido Reinaldo. Como estes eram os únicos parentes que a família tinha em São Paulo e que conseguiriam ir à festa, foram carinhosamente convidados para ir junto com eles, pois a festa seria em outra cidade, não muito distante, e estes não possuíam carro.

Quem também terminava de se arrumar e estava bastante empolgada para ir à festa era Jéssica, que, mesmo com o tornozelo engessado, fazia questão de acompanhar Felipe. Ambos iriam de carro com Fabrício, irmão de Tamara. Como este estaria no carro apenas com sua acompanhante, chamada Gisele, e a mãe de Felipe não poderia ir, havia bastante espaço no carro.

Enquanto Tamara seguia para sua festa no carro do pai, algo inesperado aconteceu, sem que ninguém percebesse. Sentada no banco de trás e olhando para a fraca garoa que começava a cair, ela acabou entrando inconscientemente em um daqueles sonhos em que saía do corpo.

Ao se dar conta do que havia lhe acontecido, Tamara começou a entrar em desespero, pois o que menos queria naquele momento era passar de novo por aquilo. Como ficara bastante ansiosa durante o dia todo, tal fato acabou contribuindo para que ela entrasse em desdobramento. E, mesmo tentando fazer todo o esforço para retornar ao corpo, a garota se encontrava agora diante de uma estranha construção.

— Ah, não, isso não pode estar acontecendo agora — assustou-se ela ao perceber que estava mais uma vez diante do mesmo casebre que tanto a perseguia. "Meu Deus, eu não entendo. Por que estou aqui novamente?", pensava.

Confusa, permaneceu por alguns instantes tentando decidir se arriscaria abrir mais uma vez aquela porta. No fundo, Tamara sentia como se ali houvesse alguém que a atraísse. Era como se houvesse algo que ela precisasse descobrir. E, tentando afastar o temor e receio sobre o que de fato havia naquele lugar, respirou profundamente e decidiu seguir em frente.

— Está bem, vai... — disse ela, segurando mais uma vez a maçaneta da porta.

Assim que abriu a porta, para seu espanto, Tamara conseguiu enfim entrar naquele estranho casebre.

Quase todo coberto por uma fumaça que lembrava muito a de um incêndio, a garota logo percebeu que todo o lugar parecia ter sido queimado: as paredes, o teto, o chão e os poucos móveis que havia lá dentro. Tudo estava inteiramente queimado. Com um pouco de dificuldade para respirar ou enxergar, ela tentava entender o que de fato tinha acontecido ali e por que sentia que aquele lugar lhe era familiar.

Adentrando mais alguns passos, foi surpreendida quando percebeu um estranho vulto todo encolhido e próximo a um dos cantos. No início, pensou em gritar e sair correndo. Mas, por algum motivo que ela desconhecia, como se houvesse uma força externa auxiliando-a, decidiu se aproximar. E, aproximando-se com cautela e observando mais detidamente aquele vulto, ela constatou que suas vestes eram as mesmas daquele Sérferus que tinha visto ao lado do casarão, movimentando-se de um lado para outro, quando saíra da festa de Bianca.

— Não entendo. Por que estou de novo diante deste Sérferus? — questionava-se ela, confusa.

Sentindo piedade daquele ser por ver que este parecia estar sofrendo, Tamara tentou se aproximar mais um pouco.

— Oi, está tudo bem com você? — disse ela, e prosseguiu: — Posso ajudá-lo em algo?

Ao chegar bem perto e observá-lo melhor, Tamara percebeu que havia algo bastante familiar naquele Sérferus. Procurando então olhar através daquele semblante triste e de aspecto enegrecido, logo sentiu que o reconhecia de algum lugar. Confusa por não se recordar de onde era, sentiu ainda mais pena em vê-lo naquela situação.

Agachando-se ao seu lado, assim que tentou tocar-lhe o ombro, algo ocorreu. Sua mente pareceu se transportar para outra época.

Era 1995, e Tamara estava diante de um homem de aspecto sofrido e bastante rabugento. Ele bebia em um bar enquanto reclamava de sua existência miserável. Dizia que sua vida não prestava e que Deus simplesmente o havia esquecido. E, enquanto virava um copo atrás do outro, seguia esfregando algo que trazia pendurado em seu peito. Tratava-se de um valioso objeto que levava consigo e guardava como se fosse sua própria vida. Era o único objeto que tinha lhe restado de sua saudosa e falecida mãe, fazendo-o recordar-se de uma época em que a vida não parecia tão injusta.

Sem compreender quem de fato era aquele homem ou o porquê de realmente estar ali, Tamara apenas prosseguia acompanhando-o.

Já bastante bêbado, ele reclamava da vida enquanto sacudia o valioso objeto, vangloriando-se de grandioso valor. Tratava-se de uma antiga peça que, se vendida, traria-lhe uma pequena, porém considerável, soma em dinheiro. Mas desfazer-se daquele objeto era a única coisa que ele não faria. Não importava se o dinheiro obtido iria ajudá-lo ou não. Contudo, enquanto bebia no bar e exibia o valioso objeto, aquele sofrido homem mal percebeu que suas declarações estavam chamando a atenção de todos a sua volta, inclusive de uma pessoa que este logo encontraria.

Tratava-se de um sujeito que, ao ver aquele reluzente objeto, logo planejou uma maneira de obtê-lo. Esse sujeito acompanhou seus passos por alguns dias, até que enfim resolveu abordá-lo. Como era avesso a qualquer tipo de arma, seu plano era bastante simples: iria enganá-lo com a promessa de um emprego como pintor.

Após apresentar-se ao homem, combinaram de se encontrarem diante de um casarão a fim de iniciarem a pintura. O sujeito mal-intencionado, após explicar-lhe o trabalho, informou que precisava que ele o ajudasse inicialmente a pintar a fachada do antigo casarão. Entregou-lhe, assim, uma pequena lata de tinta já usada, um pincel e um velho rolo de pintura.

Sem imaginar que tudo aquilo não passava de um plano para roubar seu inestimável objeto, o sofrido homem foi pouco a pouco caindo na conversa daquele sujeito que se dizia um empreiteiro bastante requisitado na região. Após aquele trabalho, segundo ele, gostaria muito que o homem o ajudasse em outros.

Começaram a pintar a fachada do casarão logo pela manhã, e, quando foi à tarde, o sujeito enfim decidiu colocar em prática seu plano: ele o faria retirar o objeto. Enquanto ele permanecia pintando um trecho mais baixo da parede, o sujeito subiu em um velho banquinho para pintar o trecho de cima. Assim que o sujeito percebeu que o homem estava agachado, bem próximo a ele, propositadamente derramou um pouco de tinta sobre seu ombro e pescoço.

Pedindo-lhe desculpas por ter sido tão desastrado, aconselhou-o a retirar a camisa e o objeto do pescoço, para evitar que se sujassem. No início, o homem titubeou e pensou em permanecer de camisa. Mas, como realmente estavam caindo alguns pingos de tinta sobre ele, logo considerou ser aquela uma boa ideia, afinal, só estavam ali ele e o sujeito. Como não possuía bolsos na calça de moletom surrada que usava, achou que não teria problema se embrulhasse seu valioso objeto na camisa e a colocasse cuidadosamente em um canto perto de onde estava. Os trabalhos de pintura prosseguiram, e, quando se aproximava o fim da tarde, o sujeito mal-intencionado disse ao homem que iria lhes trazer um lanche; que ele ficasse ali pintando com tranquilidade, pois logo voltaria.

Passaram-se quinze minutos, meia hora, e, quando estava prestes a completar uma hora que o sujeito havia saído para buscar os lanches, o homem passou a estranhar aquela demora. Vendo que ele estava demorando e que dentro em breve o sol começaria a se pôr, sem entender, largou o rolo de tinta e então foi pegar a camisa a fim de ir até a frente da casa para procurá-lo. Porém, assim que abriu a camisa para pegar seu objeto, sentiu o chão se abrir sob seus pés. O estimado objeto simplesmente havia desaparecido. Ocorrera que, sem que percebesse, enquanto estava de costas para o local onde havia colocado a camisa com o objeto, e como já havia terminado de pintar a parte de baixo e agora estava sobre um banquinho pintando uma parte bem alta da parede, acabara não vendo quando o sujeito sorrateiramente pegara o objeto e com rapidez o enfiara em um dos bolsos da calça.

Revoltado e desesperado, tentou encontrar o sujeito, mas este simplesmente havia desaparecido. Frustrado por ter sido tão inocente, voltou para casa e começou a se embebedar enquanto falava mal do sujeito e reclamava de sua má sorte. Ele morava com a esposa e os filhos em um velho casebre, em uma pobre comunidade. E, gritando aos ventos, enquanto a mulher tentava acalmá-lo, mas sem sucesso, este então deixou o lugar esbarrando em tudo o que estava em seu caminho, sem perceber algo que havia feito.

Não muito distante dali e se entregando a uma garrafa de bebida, começou a achar estranho quando viu algumas pessoas passando, aos gritos e correndo. Caminhando em direção oposta à das pessoas que corriam, enquanto tentava entender o que de fato estava acontecendo, logo se assustou ao ver uma grande nuvem de fumaça vindo exatamente de onde ficava sua casa.

Desesperado, largou a garrafa e, tentando se manter em pé, correu para casa. Ao chegar ao local, caiu de joelhos ao perceber que tudo estava em chamas. Então lembrou que, assim que saíra de casa, como estava bêbado, acabara tropeçando em um dos fios elétricos que estavam no chão, provocando assim uma pequena faísca na tomada. Porém, como estava fora de si por causa da bebida, não se importara. Mais tarde, enquanto sua família dormia, tal fato acabou fazendo com que o fio entrasse em curto-circuito. Tudo se incendiou com rapidez, sem dar chances de a família conseguir sair de casa. Assim como o dele, vários outros casebres que estavam próximos também se incendiaram. Mas as únicas vítimas fatais foram sua família. Ficando totalmente desiludido com a vida, ele se entregou por completo à bebida. Algum tempo depois, acabou morrendo atropelado, levando consigo a culpa pela morte dos seus.

*

Retornando a 2003, e após ter acompanhado tudo o que havia acontecido com aquele homem, Tamara chorou ao perceber que aquele Sérferus diante dela era o pai de uma menina que ela havia conhecido no passado. Ele era o pai de Luciana, que havia falecido naquele incêndio junto com a família. E, como Tamara os havia visto muitos anos atrás, nem se recordava daquele fato.

Ela o havia conhecido no dia em que fora atropelada por um menino de bicicleta e levada ao casebre onde Luciana morava com a família. O homem, na época, ficara todo nervoso quando chegara a sua casa e vira Tamara lá dentro. Como quase sempre chegava bêbado, acabou brigando com a esposa por tê-la deixado entrar, logo obrigando que a mandassem embora imediatamente.

Parada ali diante daquele homem que sofria por consequências do passado, com isso assumido a forma de um Sérferus, Tamara, sentindo pena por tudo o que lhe havia ocorrido, instintivamente começou a fazer uma pequena oração. Impulsionada por forças invisíveis que ela desconhecia, a garota pedia a Deus que o amparasse e o auxiliasse a sair daquela situação.

Logo, como se aquelas emanações o estivessem envolvendo, o Sérferus que estava ali, acuado em um canto, voltou o rosto para a garota, parecendo compreender suas íntimas palavras. Aos poucos, sua aparência sofrida começou a se modificar, afastando gradativamente aquela névoa que o encobria. E, fazendo algo que Tamara jamais imaginaria ver um Sérferus fazer, ele se ajoelhou diante dela, parecendo tomado por uma sensação de calma, como se quisesse apenas que alguém soubesse de sua história e que aquilo que acontecera havia sido um acidente. Como se houvesse compreendido seu real estado, olhou-a fixamente nos olhos e sorriu, para em seguida desaparecer.

25

— Hã? — espantou-se Tamara, despertando no carro.

Após seu encontro com os seres que ela e a amiga chamavam de Sérferus, a garota começou a rever todos os seus conceitos em relação a eles, pois tudo o que imaginara estava errado. Aqueles que ela pensava serem criaturas que assombravam seus sonhos, na realidade, nada mais eram que espíritos sofredores de pessoas que já haviam morrido — pessoas que tinham assumido aquela forma porque traziam um grande peso na consciência, uma vez que o que mais desejavam era que alguém soubesse da história delas, para conseguirem um alívio do pesado fardo que carregavam; nesse caso, um gesto de amor e bondade capaz de aliviar-lhes o coração por meio de uma simples oração. "Meu Deus! Preciso urgentemente contar isso para a Amanda", pensava ela.

Após algum tempo, lá estavam todos diante do decorado salão situado em uma pequena chácara na cidade de São José dos Campos. Quase todos os convidados haviam chegado, inclusive Nícolas e Bianca. E, apesar de não terem ido juntos, assim que encontrou Nícolas, Bianca passou a segui-lo aonde quer que ele fosse — tudo para tentar evitar que ele ficasse junto de Tamara.

Assim que entrou no salão de sua festa, Tamara fez menção de seguir à procura da amiga Amanda para lhe contar sua descoberta. Porém, assim que ultrapassou as portas, foi interrompida por alguns amigos que já haviam chegado e vinham parabenizá-la.

Depois de algum tempo, quando Tamara enfim conseguiu ir ao encontro da amiga, encontrou-a conversando animadamente com um garoto de sua sala.

— Amiga, oi! — disse Amanda, dando-lhe os parabéns, enquanto lhe apresentava seu acompanhante. — Este aqui é o Augusto Macedo, o Guto, de quem eu já tinha falado. Lembra?

— Ah, oi! Muito prazer! — cumprimentou Tamara.

— O prazer é meu! Meus parabéns! Sua festa está linda — disse ele, cumprimentando-a.

Augusto era um dos garotos do colégio por quem já fazia algum tempo que Amanda estava interessada. Ela o havia convidado para ser seu par na festa.

— Fico muito feliz por ter vindo; espero que aproveite a festa — desejou ela, piscando para a amiga.

— Com certeza eu vou aproveitar, afinal, tenho uma ótima companhia — comentou ele, olhando para Amanda com um sorriso e deixando-a encabulada.

Vendo a alegria da amiga e sem querer atrapalhá-la, pois Tamara sabia o quanto ela gostava daquele garoto e havia sido difícil encontrar uma oportunidade para conversar com ele, apenas cochichou em seu ouvido que havia feito uma grande descoberta em relação aos Sérferus, mas que conversariam no dia seguinte.

Sem muito tempo para meditar sobre sua descoberta, Tamara foi então cercada mais uma vez em sua festa por amigos que chegavam para lhe dar os parabéns.

Realmente, tudo estava muito lindo e bem decorado. O salão já contava com uma boa estrutura para aquele tipo de evento, pois luzes nas mesmas cores das escolhidas para os enfeites iluminavam quase todo o ambiente. Havia vários enfeites que sua mãe, a senhora Cecília, tinha emprestado, exatamente do jeito e na cor que a filha desejava para sua festa. Nas mesas cobertas com lindos tecidos de cores vinho e branca estavam lindos arranjos de flores. Já na parte onde ficava a pista de dança havia algumas luzes que refletiam em globos devidamente pendurados no teto, além de uma máquina de fumaça, tudo ao som de um conhecido DJ que animava a festa.

Tamara sentia-se realizada. Estava tudo exatamente como ela imaginava: muitos amigos, boa comida, todos se divertindo. "Este dia com certeza ficará marcado para sempre em minha vida!", falava para si mesma.

Quase todos já haviam chegado, inclusive seus amigos Felipe e Jéssica, que tinham ido de carro com seu irmão Fabrício. Sem demora, assim que avistou a amiga, Felipe ficou petrificado. Estava surpreso com a beleza de Tamara. Era a primeira vez que ele não a via apenas como uma garota, mas sim como uma linda mulher. Mas, assim que fez menção de ir ao seu encontro cumprimentá-la, rapidamente Jéssica se agarrou em seu braço, pedindo auxílio do acompanhante por causa da perna engessada, para desespero do garoto, que já começava a repensar se tinha sido uma boa ideia aceitar aquele namoro.

— Parabéns, você está linda! — disse Felipe, abraçando-a com carinho.

— Obrigada! — respondeu ela timidamente, pois também havia se encantado ao ver o amigo muito bem-arrumado, tal qual um príncipe.

— Ai, parabéns, amiga! Desejo a você tudo de bom! — disse Jéssica, também abraçando-a.

Jéssica estava muito contente por estar ali — não apenas por ter obtido sua conquista em relação a Felipe, mas também porque havia percebido o quanto tinha se afeiçoado a Tamara. O tempo que haviam passado juntas, mesmo que fosse por motivos dissimulados, tinha feito com que ela gostasse da garota como amiga.

A festa prosseguiu, e Tamara sentiu-se feliz ao ver que quase todos os seus amigos de sala tinham ido e levado seus pares — exceto ela, que no fim das contas acabara optando por ir sozinha e não ter um príncipe para acompanhá-la. Contudo, não tardou para que encontrasse alguém que desejava muito sua companhia. Como havia convidado Nícolas para sua festa, eles logo acabaram se encontrando.

Estando Nícolas muito bem-vestido e com os cabelos bem penteados com gel, Tamara se surpreendeu ao vê-lo, pois o garoto parecia ter saído de um conto de fadas, tamanha a semelhança de sua vestimenta com a de um príncipe dessas histórias. E, ao vê-la, ele também não pôde deixar de ficar todo encantado com a aniversariante. Com um reluzente sorriso no rosto, logo se aproximou e, diante de Tamara, gentil como sempre, cortejou-a dando-lhe um beijo na mão.

— Você está linda!

— Ah, muito obrigada. Você também está muito bem! — retribuiu ela.

Retirando uma pequena caixinha com uma linda fita de um dos bolsos, ele a entregou à aniversariante, pedindo desculpas por não tê-la deixado na recepção, como todos os outros.

— Perdoe-me. É que eu precisava muito lhe entregar meu presente em mãos.

Abrindo a caixinha, Tamara logo teve uma linda surpresa. Tratava-se de uma delicada pulseira prateada com um pingente no formato de uma lua, e algumas estrelas e corações um pouco menores.

— Que lindo! — encantou-se ela.

Tamara, desde criança, sempre fora fascinada pela lua e carregava escondido sob a camiseta um valioso presente: um delicado colar que continha uma lua como pingente, algo que amava e praticamente não tirava. Ela também adorava ficar admirando o céu quando este estava todo estrelado. E, em seu caderno de escola, gostava de ficar desenhando a lua e as estrelas.

— Fico muito feliz que tenha gostado.

— Como você adivinhou que eu adoro a lua?

— É porque eu queria escolher algo iluminado como você — brincou ele, para logo em seguida explicar: — Na verdade, acabei vendo ao acaso seu caderno durante um de nossos encontros e não pude deixar de notar seus desenhos.

— Puxa, eu adorei! — agradeceu ela.

— Permita-me — solicitou Nícolas, pegando a pulseira e colocando-a cuidadosamente em seu pulso.

— Ficou linda! Eu amei! Ah, muito obrigada! — disse ela, abraçando-o.

Sentado com Jéssica não muito distante dali, Felipe bem que tentava aproveitar a festa e a companhia da namorada, mas não conseguia desviar os olhos de Tamara.

— Amor, quer um salgado? — ofereceu-lhe Jéssica carinhosamente.

Como ele prosseguia com o olhar ao longe e parecia distante, a garota meigamente se escorou em seu ombro.

— O que foi? Não está se divertindo? — indagou-lhe.

— Ah, oi?

— Parece até que você não está gostando da festa ou da minha companhia — disse ela, fazendo cara de chateada.

— O quê? Não, imagina — comentou ele, tentando disfarçar seus reais sentimentos por Tamara, que seguia conversando com Nícolas.

✳

— Bem, não quero te atrapalhar — disse Nícolas. — Sei que você quer aproveitar sua festa e seus convidados. E quero reiterar que estou muito feliz por estar aqui.

— Imagine, eu que fiquei feliz por você ter vindo — sorriu ela.

— Fico lisonjeado. Se me permite, gostaria de lhe fazer apenas um único pedido: ao menos me conceda a honra de uma dança — disse, segurando sua mão com suavidade e deixando-a sem jeito.

A festa prosseguiu e enfim chegou o grande momento em que Tamara dançaria uma valsa com seu pai, o senhor Maurício. Chamando todos os convidados para acompanhar aquele grande momento, o DJ logo pediu que os presentes os aplaudissem quando estes surgissem na pista de dança.

Muito sorridente, o pai de Tamara estava com o coração transbordando de alegria por sua pequena filhinha estar se tornando uma linda mulher. Assim que começaram a dançar, todos imediatamente aplaudiram e tiraram fotos para guardar como lembrança daquele belo momento.

Ao final da dança, Tamara teve uma grande surpresa, pois, estendendo-lhe a mão para que lhe concedesse uma dança, estava ninguém menos que seu príncipe. Este havia sido procurado pelos pais de Tamara, que previamente tinham combinado esse gesto com ele, já que várias vezes haviam escutado a filha dizer que poder dançar com seu príncipe também era muito importante para completar seu grande sonho; e, uma vez que ela tinha mencionado à mãe que pensava em chamá-lo, decidiram então conversar com Amanda para lhe perguntar se aquela seria uma boa ideia, pois Amanda costumava ser a fiel confidente de Tamara, e os pais dela não sabiam os reais motivos por que, de última hora, a filha acabara desistindo de chamá-lo.

— Você me concede esta dança? — disse o rapaz, curvando-se a sua frente.

Sem palavras e ainda surpresa por descobrir que ele seria seu príncipe, Tamara retribuiu timidamente o sorriso e, com delicadeza, segurou sua mão.

— Ainda não acredito!

— Pois é. Seus pais me procuraram, convidando-me, e eu não poderia dizer não.

Enquanto dançavam abraçados, ele sutilmente sussurrou algumas palavras carinhosas no ouvido de Tamara, para logo em seguida declarar-se. Ao fazer isso, a garota ficou com o coração balançado.

Os dois prosseguiram dançando com suavidade, e, quando a música enfim terminou, ambos permaneceram por um tempo se olhando. Tamara tinha o coração acelerado, enquanto ele lhe sorria carinhosamente. Seguindo seu coração, ele então aproximou-se do rosto dela a fim de beijá-la.

Mas, quando seus lábios ficaram bem próximos, Tamara viu algo que a fez voltar a si. Ao longe, viu o irmão Fabrício parecendo discutir com alguém.

— Ai, me desculpe, mas eu preciso ir — falou, afastando-se, enquanto ele ficou ali sem entender nada.

Tamara encontrou o irmão Fabrício bastante irritado com a garota que havia levado como sua acompanhante à festa. Ele a tinha visto se insinuar para o DJ e acabaram brigando. Muito irritado e querendo ficar distante dela, decidiu que iria embora. Sentindo pena do irmão, Tamara o abraçou e pediu apenas que a olhasse por um instante.

— Eu nem imagino sua dor ou o quanto você está chateado, meu irmão. Se fosse comigo, também iria querer sair correndo. Mas posso lhe pedir um favor? Não vá embora assim, sozinho. Está chovendo muito lá fora; eu acompanho você. Só não largo tudo e vou agora com você porque os nossos pais se empenharam tanto para fazer esta festa! Imagine como eles se sentiriam se a filha fosse embora sem nem ao menos esperar pelos parabéns. Além do mais, o que seria de mim se eu ficasse e meu querido irmão não estivesse aqui para cantarmos os parabéns juntos? — disse ela, tentando animá-lo.

Mesmo sentindo-se muito chateado, Fabrício percebeu que realmente não seria justo ir embora daquele jeito do aniversário da irmã; sendo assim, decidiu aguardar. Não tardou muito para enfim chegar o momento de Tamara assoprar as velinhas do tão aguardado aniversário de quinze anos. E, surpreendida por uma bonita chuva de papéis picados e um grande coro dos ali presentes, a garota assoprou as velinhas, desejando que aquele novo ano que se iniciava lhe trouxesse muitas realizações.

26

Quase ao fim da festa, e como prometido ao irmão, Tamara informou aos pais que já estavam de saída, sem dar muitos detalhes dos reais motivos, para evitar que se chateassem. Em seguida, lembrando que Felipe e Jéssica também tinham vindo com o irmão, ela os procurou, avisando que estavam indo, mas que eles poderiam continuar tranquilos até o fim da festa, pois os pais dela iriam levá-los, mesmo que tivessem de se apertar um pouco no carro.

Porém, sabendo que Tamara já pretendia ir embora, Felipe logo se prontificou a ir também. E, como não poderia deixar de ser, ao saber que o namorado pretendia ir, Jéssica imediatamente quis acompanhá-lo, mesmo com este informando que ela poderia ficar e ir com os pais de Tamara.

No início, Tamara se sentiu um pouco desconfortável em ir com eles depois do que quase havia acontecido na pista de dança, mas, como Felipe insistiu em ir junto, ela acabou aceitando. Então, sem se despedir dos presentes, para evitar ter de dar explicações, Tamara acompanhou o irmão até o carro, sob um guarda-chuva e uma forte chuva, enquanto Felipe seguiu com Jéssica. Ao entrar no carro do irmão, pretendia ir na frente, no banco do carona, e deixar Felipe atrás com Jéssica, mas este fez questão de pedir que ela fosse atrás, dizendo que iria na frente para ajudar Fabrício a enxergar o caminho, por causa da forte chuva que caía.

Era dia 28 de setembro de 2003, e Tamara tinha acabado de completar quinze anos. Chovia muito naquela noite. Em sua mente, não parava de se repetir o momento em que fora surpreendida pelo inesperado príncipe, que surgira disposto a dançar com ela e fazendo seu coração acelerar; fazendo com que brotasse em seu íntimo um sentimento que até então ela desconhecia.

— Depressa, preciso de um desfibrilador aqui — gritou um dos paramédicos, tentando reanimar uma das vítimas.

Ela era um dos ocupantes sentados no lado do veículo que acabara sofrendo a maior parte do impacto. Chovia muito naquela noite e havia muita neblina naquele trecho da rodovia; por isso, não se sabia ainda ao certo o que de fato tinha provocado aquele triste acidente, ou quando conseguiriam remover dali os veículos e liberar todas as faixas da estrada. O acidente havia provocado um grande congestionamento e causado bastante tensão naqueles que aguardavam na longa fila que se formava.

Porém, em um deles havia alguém que, após ver a quantidade de ambulâncias que passava, não conseguiu mais ficar esperando. Mesmo que fosse sair debaixo de chuva, precisava muito saber o que de fato tinha acontecido lá na frente. E logo essa pessoa surgiu correndo e desesperada entre os veículos, a fim de tentar aliviar seu coração. Ela trazia no peito uma profunda sensação de tristeza, como se no fundo já soubesse quem eram as pessoas que estavam naquele veículo.

— Tamara! Tamara! — gritava ela.

Era sua amiga Amanda, que, assim que soubera que ela tinha ido embora da festa, começara a ter um mau pressentimento. Então, correra até bem próximo do local em que estavam estacionados os carros dos convidados a fim de tentar encontrar Tamara, mas teve tempo apenas de ver a amiga entrando rapidamente no veículo do irmão para sem demora partir. Amanda passou então a ter calafrios e só pensava que, de alguma forma, precisava parar aquele carro. Por isso, sem pensar duas vezes, despediu-se de seu par, Augusto, e fora correndo até a mãe, a senhora Roseli, que era quem a havia acompanhado à festa, dizendo que precisavam muito ir embora a fim de tentar alcançar a amiga em um carro que tinha acabado de sair.

No início sua mãe ficara sem entender e procurara acalmá-la, dizendo que talvez fosse apenas preocupação porque tinham saído debaixo de chuva, mas, percebendo a insistência da filha e o quanto ela realmente estava preocupada, decidiu ouvi-la.

— Amiga! — continuava a gritar Amanda, já com lágrimas nos olhos, enquanto tentava se aproximar.

Após conseguir escapar de um dos bombeiros que tentava impedir que as pessoas se aproximassem, assim que Amanda viu a gravidade do acidente e um dos paramédicos fazendo massagem cardíaca em uma das vítimas, percebendo que a conhecia, logo desabou de joelhos ao chão.

Como o veículo havia ficado prensado entre um ônibus e um caminhão, isso tinha contribuído para a construção daquela triste cena. Os bombeiros, após encontrarem grande dificuldade para chegarem às vítimas, tinham feito tudo o que podiam, inclusive muitas tentativas de ressuscitação e massagem cardíaca, mas as constatações não eram as esperadas.

— Infelizmente, não podemos fazer mais nada — lamentou-se um dos paramédicos, enquanto cobria um dos corpos que estava caído, para desespero de Amanda.

A vida é uma grande bênção e cada uma de nossas existências físicas nada mais é que um pequeno passo de nossa longa jornada. Somos apenas um pequeno sopro divino trilhando nosso caminho enquanto prosseguimos em busca de nossos almejados sonhos.

Havia se passado cerca de uma semana desde que ocorrera o fatídico acidente.

— Ei, venha cá, sua linda! — brincou Tamara, divertindo-se enquanto seguia uma pequena borboleta colorida.

O céu estava mais azul e lindo do que nunca, e as árvores verdes, com seus ramos floridos, pareciam dançar com a leve brisa que soprava. Correndo alegremente em meio àquela agradável paisagem enquanto se encantava com o canto dos pássaros, Tamara sentia-se livre e mais feliz do que já estivera.

— Ai, que dia lindo! — agradecia, deitando-se sobre a grama macia enquanto, sorrindo, observava as diferentes nuvens.

Não muito distante de onde estava, observou vários pomares, com diferentes tipos de fruta. E, como sentia fome, decidiu comer uma linda maçã vermelha.

— Hum! Que delícia! — dizia ela ao saborear o delicioso fruto.

O dia estava maravilhoso, e Tamara tinha a impressão de que estava no paraíso. Com o coração alegre, encantava-se com a beleza a sua volta. Admirando um lindo conjunto de flores coloridas, não pôde deixar de notar uma pequena menina, que parecia se esconder timidamente atrás delas.

— Oi! — cumprimentou Tamara, procurando ser gentil.

Como a menina dava a impressão de estar com vergonha, fez questão de lhe dizer que estava tudo bem e que poderia sair dali. Por trás do arbusto, podiam ser vistos apenas os pés descalços da garota, que ria, parecendo brincar de se esconder. Percebendo que ela queria brincar, Tamara foi lentamente engatinhando em sua direção, também aos risos. E, assim que estava bem próximo dela, saltou em sua direção.

— Achei você! — brincou Tamara, surgindo ao seu lado e fazendo-lhe cócegas.

A menina aparentava ter cerca de dez anos; tinha os cabelos pretos, um tom de pele bem moreno e lindos olhos castanhos. Usava um vestido verde-claro e tinha algumas pequenas presilhas no cabelo. Mas o que mais chamou a atenção de Tamara foi ela estar com os pés descalços.

Assim que as duas pararam de brincar de fazer cócegas uma na outra, enquanto gargalhavam alegremente deitadas na grama, ambas passaram a brincar de pega-pega, correndo entre as árvores e os pequenos arbustos floridos. Tamara estava muito contente por ter feito uma pequena amiga e prosseguia desfrutando com tranquilidade sua vida em meio àquela linda paisagem.

— Eu sinto muito pelo que houve — lamentou-se o doutor Fernando Corassa, médico neurocirurgião do hospital, para logo em seguida explicar: — Infelizmente, seu estado é de um profundo coma, resultado do acidente. Nesses casos, deve-se ter muita paciência e ir acompanhando gradativamente a evolução, pois somente o tempo dirá quando conseguirá acordar.

— Tudo bem, doutor. Nós lhe agradecemos muito por tudo o que o senhor e sua equipe fizeram. Temos fé de que está nas mãos de Deus agora — disse a pobre mãe, com lágrimas nos olhos, enquanto segurava as mãos do doutor.

O coma é um estado em que o paciente entra em um sono profundo. Pode ser induzido, como forma de preservar o funcionamento do cérebro. O paciente nessa condição geralmente não consegue ter consciência de seu real estado, tampouco abrir os olhos ou reagir a estímulos. Sua recuperação e evolução variam conforme a lesão sofrida. Sendo assim, não se pode definir quando ou se o paciente voltará a ter suas funções normais. Para a medicina, mentes nessas condições prosseguem apenas como se estivessem sonhando.

Será?

— Ai, minha cabeça — comentou Felipe com a mão na testa, levantando-se do chão. Buscando forças para tentar compreender o que havia acontecido ou onde estava, ficou de pé enquanto olhava para os lados, sentindo-se confuso.

— Puxa, onde estou? Oi, tem alguém aí?

Era noite e, ao ver de Felipe, ele parecia estar em algum ponto no meio de uma estrada ladeada por vegetação e sem nenhuma placa visível que lhe esclarecesse onde realmente se encontrava. O rapaz tratou logo de ir para o acostamento, com receio de que surgisse algum veículo.

— Que estranho... não consigo me lembrar do que aconteceu — exclamou ele enquanto caminhava, tentando encontrar alguém.

Já no hospital, imóvel e ligado por aparelhos, um paciente permanecia em estado de coma, sendo constantemente visitado por pais e amigos.

— Não se preocupe, eu sei que você vai sair dessa — comentou Amanda, enquanto enxugava o rosto por causa do choro. Ela era uma das visitas frequentes daquele querido paciente.

Outro que também vinha constantemente era Nícolas. Desde que soubera do fatídico acidente, costumava visitar o paciente pelo menos uma vez na semana, para velar por sua recuperação.

— Ei, amiga, que tal se nós formos brincar ali no lago? Eu vi que tem uma parte que é bem rasinha, então não haverá problema — convidou Tamara.

Tamara e a amiga seguiam desfrutando tranquilamente os agradáveis momentos. Brincavam de subir nas árvores, imitar o canto dos pássaros, brincar com os pequenos animais que surgiam, dispostos a receber carinho, e também permaneciam olhando para o céu e observando as nuvens, imaginando o que cada uma delas parecia.

Para Tamara, tudo aquilo era tão lindo e mágico, que simplesmente achava estar vivendo um grande sonho.

Deitada na grama com a amiga, olhando para as nuvens enquanto diziam com que estas se pareciam, surgiu uma entre elas que fez Tamara imediatamente sentir-se estranha. O formato dessa nuvem deu-lhe a sensação de que, no fundo, ela a fazia se lembrar de algo ou alguém. Era como se houvesse algo em sua memória que não estivesse muito claro, mas que ela sentia estar ali.

Confusa, Tamara se levantou, tentando entender o que era aquela estranha sensação. Sentia como se sua vida nem sempre tivesse sido estar ali, naquele lugar tão maravilhoso. Era como se sua mente tivesse apagado algo. "Que sensação é esta?", questionava-se.

Fechando os olhos para procurar se concentrar e descobrir o que de fato era aquilo que sentia, para seu espanto, viu algo que rapidamente a fez abri-los, com medo. Tamara tinha visto a imagem de um borrão negro.

— O que foi isto? — assustou-se, sentindo o coração disparar.

Ao olhar para o lado, procurando segurar a mão da amiga a fim de se sentir segura, espantou-se ainda mais, pois ela tinha desaparecido.

— Amiga? Onde você está? — preocupou-se ela, sem entender.

Sem demora e com o coração acelerado, percebeu que já não estava mais em meio àquele lugar com árvores frondosas, repleto de cores, sol, nuvens e beleza. Estava de pé em um local que era totalmente o oposto. Não havia vegetação no chão; as poucas imagens que pareciam ser de árvores eram de galhos secos. O brilho do sol tinha desaparecido, assim como o canto dos pássaros, que agora lembravam sussurros, e uma estranha névoa encobria quase toda a região.

Confusa com o que havia acontecido e chamando pela amiga enquanto caminhava com receio, tentando ver onde estava, Tamara logo teve um grande susto. Ouviu um som bastante estranho, como se fosse um gemido, e em seguida viu algo que a fez querer correr. Era um grande vulto vindo em sua direção.

27

— Olá, alguém pode me ouvir? — gritou Felipe, enquanto prosseguia perdido. — Poxa vida, que lugar é este? E onde foi parar todo mundo da festa? — questionava-se, confuso. — Tamara! Amanda! Onde vocês estão?

O rapaz continuava a vagar pela estrada, sem a consciência do que de fato havia acontecido, sem saber onde realmente estava ou quanto tempo já havia se passado desde a última coisa de que se lembrava. Sentado à beira daquela estrada, ele levava as mãos à cabeça, procurando organizar seus pensamentos e tentando ver se descobria algo que explicasse como ele tinha ido parar ali, pois a última coisa de que se recordava era de estar na festa de aniversário de Tamara.

— Socorro! — gritava Tamara, desesperada, enquanto fugia daquele estranho vulto. — Ai, meu Deus... O que era aquilo? — tentava entender a garota, assustada, escondendo-se atrás de um tronco seco. — Não consigo entender. O que está acontecendo?

Logo Tamara começou a ouvir novamente o som de lamentações se aproximando e começou a correr. "Por que aquilo está atrás de mim?", questionava-se, correndo por entre a precária vegetação e procurando uma maneira de fugir dali.

Porém Tamara não estava apenas preocupada consigo, mas com aquela menina que havia conhecido. Queria saber o que acontecera a ela e se aquele estranho vulto também estava atrás da garota. "Será que ela está bem?", preocupava-se.

Tentando ainda se esconder enquanto corria assustada em meio àquele cenário tão inóspito, já começava a perder a noção dos locais pelos quais havia passado e do tempo que tinha transcorrido. Então, acuada próximo a uma pedra, mais uma vez ficou preocupada com a situação daquela menina. Sentia que precisava muito encontrá-la. Porém, antes que pudesse tomar alguma decisão, surgiu mais uma vez diante dela aquele tenebroso vulto com os braços estendidos, como se quisesse agarrá-la. Ela quis correr, mas, por mais receio que houvesse em seu coração, algo lhe dizia que deveria enfrentá-lo. E, ao fechar os olhos, procurando decidir o que fazer, imediatamente teve a impressão de ouvir uma voz em sua mente. Confusa com o que teria sido aquilo, Tamara abriu os olhos e viu que aquele vulto continuava a seguir em sua direção. Como a distância para ele alcançá-la estava diminuindo, a garota sentiu algo muito estranho. Era como se houvesse uma ação externa que parecia lhe dar forças, dizendo-lhe para confiar e se acalmar.

Deixando-se ser tomada por aquela sensação, ela fechou os olhos, procurando acalmar-se, e mais uma vez ouviu uma voz em sua mente. Esta lhe dizia que ela não estava sozinha e que jamais estivera, em momento algum, pois Deus estava com ela; que bastava se entregar e confiar, pois dentro dela existia uma força que ela desconhecia, capaz de fazer surgir luz até na mais profunda escuridão. Para isso, bastava que houvesse amor.

Sentindo como se uma vibrante energia tomasse conta de todo o seu corpo, dando-lhe forças para não temer, Tamara sentia que aquelas palavras haviam tocado profundamente seu coração, enchendo-o de confiança. E, tomada por aquela calorosa sensação, como se Deus estivesse ao seu lado para ampará-la, a garota sorriu e então, de braços abertos, entregou-se. Ao ter a sensação de que havia sido tocada por aquele vulto, como um *flash* em sua mente, ela rapidamente pôde ver e descobrir que aquele estranho ser que parecia persegui-la estava, na verdade, pedindo ajuda.

Sentindo que tinha condições de ajudá-lo, Tamara instintivamente fez algo que indicava seu coração: fez uma oração.

— Meu bom Deus, eu lhe peço humildemente que acolha esta querida alma em seus braços e a envolva em seu grandioso amor, para que ela encontre a luz de que necessita para superar esta situação e encontrar a paz necessária — orava a garota.

Enquanto fazia isso, Tamara acabou recobrando um pouco de sua memória. Lembrou-se de como chamava aqueles vultos, seu próprio nome e inclusive o de sua grande amiga, Amanda. E, assim que terminou de orar e viu que aquele vulto havia desaparecido, recordou-se de algo muito importante e que precisava contar a ela: que os vultos chamados por elas de Sérferus, a quem tanto temiam, nada mais eram que os espíritos de pessoas sofridas apenas em busca de ajuda.

Assim que viu o Sérferus ser envolvido por uma suave luz para logo em seguida desaparecer, Tamara também se lembrou de que, sempre que ela e a amiga sonhavam, entravam em um local que haviam denominado Vale dos Sonhos, bem como se recordou daquelas ocasiões em que ela se via fora do corpo. Foi então que, de imediato, começou a considerar que era isso o que estava ocorrendo com ela naquele momento, pois sentia ter recobrado quase toda a memória, exceto sobre os últimos acontecimentos que haviam precedido o momento em que despertara naquele local , ou seja, sua festa e o acidente.

Após prosseguir tentando compreender o que havia acontecido e sem a noção de tempo, Felipe enfim conseguiu encontrar o caminho de casa.

— Puxa, até que enfim consegui chegar. Mãe! — gritou ele, ainda bastante confuso com tudo aquilo.

Felipe morava apenas com a mãe, a senhora Joana, pois, como suas irmãs eram mais velhas e estavam em relacionamentos, ambas já haviam se mudado. Caminhando pela sala, percebeu algo estranho: os móveis pareciam diferentes.

— Que estranho... não lembro de ter um sofá aqui — comentou, confuso.

Porém, não eram apenas os móveis da sala que estavam diferentes. Conforme ia caminhando, procurando por sua mãe, notou que a cozinha também estava diferente, bem como os quadros que estavam pela parede. Começando a ficar preocupado com aquilo, sem demora, dirigiu-se ao quarto da mãe, mas novamente viu que tudo ali estava diferente. Assustado, correu até seu quarto e levou um grande susto.

— Onde estão minhas coisas? E por que o meu quarto parece com o de uma menina? — comentou, olhando ao redor.

Ao se aproximar de uma cômoda, ficou ainda mais confuso. Sobre ela estava um porta-retratos com fotos de pessoas que ele jamais tinha visto. Era uma menina junto com duas pessoas, que ele deduziu serem os pais.

— Não entendo... Afinal de contas, o que está acontecendo aqui? — questionou-se, confuso.

Bastante assustado e surpreso com tudo aquilo, Felipe se lembrou da amiga Tamara, sua querida amiga desde criança. E logo pensou que talvez ela pudesse ajudá-lo a entender o que estava ocorrendo. Sendo assim, sem pensar duas vezes, seguiu até a casa dela.

Também disposta a descobrir o que de fato havia acontecido para ela não se lembrar dos últimos acontecimentos em sua vida, Tamara decidiu procurar sua amiga Amanda, pois considerava que, se houvesse alguém que poderia ajudá-la, seria ela.

Após algum tempo, e enquanto tentava encontrar o caminho para a casa da amiga, Tamara teve uma grata surpresa. Para sua alegria, enfim reencontrou a menina de pés descalços que havia sumido. O que Tamara não imaginava era que, bem ali junto dela, como uma pequena guardiã e companheira, encontrava-se sua amiga do passado: Luciana.

Esta sentia-se grata por Tamara ter compreendido seus apelos de auxílio ao seu pai. Ele seguia carregando em si a culpa pela morte da família e, com o tempo, acabara ficando tão amargurado, que havia se transformado naquilo que as amigas chamavam de Sérferus. Então, desde que ela o ajudara a se libertar, orando por ele, a menina decidira que permaneceria ao lado de Tamara, mesmo que fosse apenas uma simples companhia, enquanto fosse possível.

Depois de se abraçarem carinhosamente, Tamara lhe contou aonde pretendia ir e, sem demora, ambas seguiram ao encontro de Amanda.

Já em sua casa e deitada na cama enquanto olhava para o teto, Amanda se entregava aos seus pensamentos. Estava com o coração amargurado e com saudades da amiga. Tudo havia acontecido tão rápido, e ela sentia um grande vazio na alma pelo fato de a amiga não estar ali com ela.

Porém, o que Amanda desconhecia era que sua grande amiga estava bem ali diante dela, pois Tamara havia chegado à sua casa, e, sem demora, correra em sua direção para abraçá-la.

— Ai, amiga, que saudades! — disse Tamara, sorrindo de felicidade.

Contudo, para sua surpresa, não conseguiu tocá-la.

— Amanda! Oi, amiga! Eu estou aqui! — gesticulava ela diante da garota, sem sucesso, para divertimento da menina de pés descalços.

— Puxa, por mais que eu tente, não consigo chamar sua atenção — lamentou-se.

Tamara viu que a amiga parecia estar triste e sofrendo, mas, por mais que tentasse avisá-la de que estava ali, simplesmente não conseguiu.

— Que estranho — disse, indagando-se sobre o que estaria acontecendo.

Enquanto coçava a cabeça, confusa com aquilo, Tamara teve mais um *flash* de memória.

— É isso! Eu me lembrei! Não consigo tocá-la porque devo estar fora do corpo — presumiu, recordando-se de quando isto lhe acontecia.

Passou então a se concentrar, procurando retornar imediatamente ao corpo. Fechou os olhos e desejou firmemente voltar, mas, para sua decepção, não adiantou. Fez caras e gestos, buscando uma maneira de retornar, enquanto sua pequena amiga, a menina de pés descalços, ria, achando tudo engraçado. Tamara havia tentado voltar ao corpo de todas as formas, mas não conseguia.

— E agora? Como eu faço para voltar? — indagou-se.

Então, Tamara teve uma ideia. "E se ela entrasse no Vale dos Sonhos? Talvez possa dar certo", considerou.

Assim, tentou de tudo para fazer com que a amiga aceitasse sua sugestão e fosse encontrá-la no Vale dos Sonhos. Porém, Amanda parecia muito triste e não queria se arriscar a entrar lá. Já fazia um bom tempo desde que tudo havia ocorrido, e ela tinha receio do que pudesse acontecer. Nunca mais havia entrado no Vale dos Sonhos, pois aquilo era muito doloroso, já que era algo que geralmente faziam juntas, e não ter a amiga ali ao seu lado a fazia sofrer.

Sem saber o real motivo de a amiga estar tão triste, Tamara continuou tentando:

— E agora? O que posso fazer para que ela decida entrar no Vale dos Sonhos?

Olhando para a parede, Tamara logo viu um desenho que tinham feito juntas e tentou fazer com que a amiga olhasse para lá.

Tamara se espantou ao ver que conseguira fazer a amiga olhar para o desenho.

Amanda, ao se virar para uma das paredes, teve uma estranha sensação. Parecia que alguém queria que ela olhasse naquela direção. E o que viu fez seus olhos se encherem de lágrimas. Tratava-se de um desenho devidamente colocado em um pequeno quadro. Ele havia sido feito por ela e pela amiga no primeiro dia que tinham começado a imaginar como seria o lugar ao qual iriam durante os sonhos. Havia algumas árvores, flores, pássaros e um lindo arco-íris.

Então, enxugando as lágrimas, Amanda sentiu que aquela imagem havia lhe dado forças e esperança, pois precisava muito tentar encontrar sua amiga Tamara. E talvez só houvesse um único jeito. Iria entrar no Vale dos Sonhos.

28

Disposta a se arriscar para tentar encontrar a amiga, Amanda deitou-se em sua cama e, fechando os olhos, começou a respirar com calma, procurando se concentrar. Já fazia um bom tempo que ela havia parado de ir ao Vale dos Sonhos, mas sentia que em sua mente ainda sabia claramente como ir para lá. Não tardou muito para que, de forma gradativa, começasse a se sentir cada vez mais leve. Tentava manter a mente tranquila e com aquele único desejo. Aos poucos, as sensações externas começavam a desaparecer, como se já não estivesse mais deitada na cama, e sua mente parecia lentamente se expandir.

À medida que ia se concentrando, Amanda tentava focar apenas em se dirigir para lá. Não podia deixar que quaisquer intenções que não fossem aquelas surgissem em sua mente. Porém, à medida que o tempo ia passando e ela percebeu que não estava conseguindo alcançar seu objetivo, algumas dúvidas começaram a invadir sua mente, fazendo sua respiração acelerar e seus batimentos cardíacos aumentarem. Não demorou para que uma sensação de nervosismo e incapacidade surgisse em sua cabeça.

Por mais que tentasse organizar os pensamentos, a imagem da amiga naquele fatídico dia acabou surgindo como um trovão em sua mente, fazendo-a entrar em profundo desespero. A dor daquela lembrança trazia-lhe uma grande tristeza, e ela teve vontade de chorar. Porém, antes que pudesse fazer algo, Amanda imediatamente se viu, enfim, no Vale dos Sonhos.

Ao abrir os olhos, Amanda percebeu que não estava no lugar que imaginava, com as lindas paisagens de costume. Estava mais uma vez em meio ao vale de sombras, com a precária vegetação de aspecto seco e a aterrorizante névoa cobrindo todo o local.

Como acontecia sempre que ela ou a amiga não estavam bem e tentavam entrar no Vale dos Sonhos, levando no pensamento algum sentimento ruim, por ter tido aquelas lembranças tristes da amiga, Amanda, mesmo sem ser essa a intenção, tinha sido atraída para aquele lugar sombrio.

Estar novamente naquele local causava verdadeiro terror em Amanda. E, apesar de aquela não ser a primeira vez que havia ido parar ali, desta vez trazia no coração um sentimento muito ruim: o de ter perdido a grande amiga e companheira. Todo aquele sentimento de confiança em tentar encontrar a amiga tinha desaparecido. Com lágrimas nos olhos, começou a se sentir incapaz e quis voltar para casa. Contudo, não demorou a perceber que aquilo não seria possível. Estava presa ali.

— Ai, meu Deus, e agora? O que eu faço? — começou a assustar-se.

Antes que pudesse dizer mais alguma coisa, contudo, bem ao fundo, começou a ouvir aqueles estranhos gemidos que a fizeram se lembrar do que se tratava. Era a aproximação de um Sérferus.

Sem pensar duas vezes, Amanda rapidamente começou a correr, pois não tinha mais ao seu lado a amiga para lhe dar forças e sentir-se capaz de enfrentar o Sérferus, como da outra vez. Sem olhar para trás, enquanto corria em meio ao terreno acidentado, tentando ficar o mais longe possível daquele Sérferus e acreditando que já havia se distanciado o bastante, a garota acabou levando um grande susto. Bem a sua frente passou a ouvir mais um som de gemido vindo em sua direção.

Assustada, começou a correr em outra direção. Contudo, após correr por algum tempo, teve outro espanto. Começou a ouvir mais um som de gemido, também vindo naquela direção.

Sentindo que estava completamente acuada e cercada pelos Sérferus, assustada e sem saber para onde ir ou o que fazer, Amanda apenas agachou-se e, com lágrimas nos olhos, teve vontade de chorar. Tinha medo, e tudo o que mais queria era que a amiga estivesse ali.

— Tamara... — murmurou ela, chamando a amiga.

Foi então que algo que Amanda jamais imaginaria aconteceu: passou a ouvir a voz da amiga.

— Amanda, não tenha medo, eu estou aqui com você — falou a voz carinhosamente, e prosseguiu: — Sei que está com medo, mas tente se acalmar.

Surpresa e ao mesmo tempo confusa, achando que aquilo era coisa da sua cabeça, a garota começou a duvidar do que ouvia. Achava que o medo a fazia delirar, mas a voz prosseguiu:

— Você não está sozinha. Acredite!

"Mas eu não sei o que devo fazer", pensou Amanda.

— Confie em mim. Vai ficar tudo bem — exclamou a voz, explicando-lhe o que ela deveria fazer.

— O quê? Mas isto é loucura — espantou-se Amanda, tentando entender o que lhe havia sido dito. — Está me dizendo que os Sérferus não são monstros dos sonhos, mas apenas pessoas sofredoras que já faleceram e que procuram ajuda devido ao peso que carregam na consciência por seus erros? E que devo deixá-los se aproximar?

— Sim! Assim você será capaz de alcançar o coração deles.

— Mas, se é verdade isso que me diz, o que devo fazer? — questionou Amanda.

— Você deve orar! Deixe que a luz de Deus invada seu coração e seja um instrumento de auxílio a estes nossos irmãos. Tenha fé, pois eu acredito em você.

Respirando fundo e confiando que aquela voz era realmente de sua amiga Tamara, Amanda decidiu aceitar a sugestão.

— Está certo, então. Eu confio em você e acredito que está comigo! — disse ela, colocando-se em posição de oração enquanto procura elevar seu pensamento para Deus.

Logo, como um *flash* em sua mente, acabou descobrindo que aqueles Sérferus de fato estavam em sofrimento. Eram pessoas que já tinham falecido, mas que ainda carregavam a dor do passado. Tinham aquele aspecto, parecendo o de um vulto enegrecido, apenas porque se culpavam por suas faltas. Eram pessoas que sofriam e traziam um profundo sentimento de dor na consciência — não eram pessoas nem melhores, nem piores do que nós. Apenas haviam sido infelizes em suas escolhas. Tinham o coração amargurado e, inconscientemente, buscavam encontrar uma forma de alívio, de saberem que no fundo não tinham sido simplesmente esquecidos, e que havia corações capazes de estender as mãos em amparo a elas por meio de uma pura e singela oração.

Quando Amanda começou a orar pelos sofredores, uma pequena luz passou a irradiar de seu coração, expandindo-se pouco a pouco até se encontrar com inúmeros feixes de luzes que circundavam todo o ambiente. À medida que essas luzes iam alcançando aqueles vultos, aos poucos estes iam se modificando, como se um suave torpor os invadisse, transformando seu semblante e sua aparência. E, no momento em que tinham sido completamente envoltos por aquela calorosa luz, simplesmente desapareceram.

O desespero e as lágrimas de Amanda haviam se transformado em uma agradável sensação de paz e alegria. Sentir que tinha contribuído e ajudado aqueles a quem elas chamavam de Sérferus fora para ela algo surpreendente. Era como se uma luz e um propósito tivessem brotado em seu interior.

Aquele momento ficaria marcado para sempre na memória de Amanda. Esta enfim havia compreendido o que Tamara pretendia lhe contar em sua festa. E, com o coração repleto de felicidade e tendo a certeza de que tinha sido amparada pela amiga, ela então despertou.

Novamente em seu quarto e emocionada, Amanda agradecia à amiga por aquela abençoada oportunidade.

— Muito obrigada, minha querida amiga! Agradeço por ter me mostrado o caminho. Eu compreendi o que queria me dizer e agora entendo o que devo fazer.

Ao conseguir ajudar aquelas pessoas que já haviam falecido, abrindo seu coração e orando por elas como a amiga tinha solicitado, Amanda percebeu o quanto aquilo que fizera poderia ser importante, e logo pôde compreender como aquilo que estava diante dela era grandioso. Percebeu naquele gesto uma valiosa oportunidade de fazer o bem por todos aqueles que sofrem. Sentindo assim o espírito renovado, decidiu que iria estudar e se empenhar naquela tarefa de auxiliar a todos que também estivessem naquela situação.

Então, fechando os olhos para mais uma vez agradecer à amiga, Amanda compreendeu que não importava onde Tamara realmente estava. Percebeu que, quando temos um profundo sentimento de amor e carinho por alguém, não existem barreiras ou distância capazes de nos separar se confiarmos, pois as pessoas amadas permanecerão onde sempre estiveram: junto de nossos corações.

*

Felipe enfim chegou à casa de Tamara em busca de respostas. Com todo o ambiente em uma quase penumbra, encontrou os pais dela jantando. De cabeça baixa enquanto comiam, possuíam os semblantes entristecidos, amargurados, e praticamente não conversavam entre si. Surpreso com o clima que havia encontrado, Felipe rapidamente seguiu pela casa à procura da amiga, mas esta não estava. Em seu quarto, tudo parecia diferente, um pouco abandonado. E sua cama não parecia ser utilizada havia dias.

— O que está acontecendo — questionou-se, confuso e começando a ficar preocupado.

Não encontrar a amiga fez seu coração disparar. Estava assustado e com a mente confusa. Chegar àquele ambiente que costumava ser sempre tão alegre e sentir aquela estranha sensação de angústia fizeram Felipe entrar em desespero. Precisava de respostas. O que havia acontecido? E onde estava sua amiga Tamara?

Sem demora, retornou para a cozinha, onde os pais dela mal haviam tocado na comida, e, mesmo sabendo que algo impedia que ele pudesse ser visto ou ouvido, começou a gritar:

— Cadê a Tamara? Digam-me, por favor: onde ela está? O que está acontecendo aqui? — implorava ele, levando as mãos à cabeça.

Porém, para sua angústia, ninguém parecia ouvi-lo.

Enquanto os pais da garota prosseguiam de cabeça baixa, sentindo-se desiludido com tudo aquilo, Felipe ouviu a mãe de Tamara se levantar e informar ao marido que estava indo vê-la.

— O quê? — disse Felipe, rapidamente levantando a cabeça diante da informação.

Sem compreender a quem ela se referia, aproximou-se, esperando que ela falasse algo mais.

— A quem se refere? É a Tamara? Ela está bem? Onde ela está? — questionava, esperando mais alguma informação.

Como não havia descoberto mais nada, decidiu que iria segui-la. Esperava com isso descobrir algo que o levasse à amiga.

Então, não muito tempo depois, enquanto acompanhava cada passo da mãe de Tamara, Felipe enfim pôde encontrar a amiga, mas ficou chocado. O chão pareceu ter se aberto sob seus pés. Ajoelhando-se ao lado de onde ela estava, chorava feito uma criança.

— Por quê? — lamentava-se ele, sentindo o coração em pedaços enquanto, confuso, questionava-se: — Como isso foi acontecer?

Contudo, por mais que tentasse, Felipe não conseguia se lembrar de nada que explicasse aquilo. Sentia como se houvesse um bloqueio em sua mente.

— Não entendo. O que houve com você, Tamara? Por que não consigo me lembrar? — chorava ele ao lado da amiga.

Sem sair um minuto do lado dela, Felipe logo percebeu que não era o único a visitá-la. Trazendo flores e aproximando-se com um semblante desconsolado, chegava Nícolas para vê-la ali naquele local.

Com lágrimas nos olhos, o rapaz dizia-se muito triste pelo que tinha acontecido e afirmava que não iria esquecê-la, não importando o tempo que passasse.

Inicialmente, a presença de Nícolas fez Felipe sentir-se um pouco enciumado, mas este logo percebeu o quanto o rapaz sofria. Havia surgido em Nícolas um sentimento muito profundo por Tamara. Ele vinha sempre visitá-la e geralmente trazia flores.

Quem também chegou a visitar o local algumas vezes foi Jéssica, o que deixou Felipe bastante surpreso — não apenas por vê-la ali, mas também por tudo o que ambos estavam vivendo antes de acontecer tudo aquilo. Apesar de Jéssica a princípio ter se apresentado como uma garota preocupada apenas com seus interesses, com o tempo, acabara se mostrando bem diferente: uma pessoa que parecia estar apenas procurando alguém para compartilhar seus sentimentos. Ela trazia no semblante um olhar de tristeza e parecia carregar no peito uma outra dor que Felipe não conseguiu identificar.

Observando-a enquanto ela seguia ali, de olhos fechados e parecendo orar pela garota, Felipe sorriu e pensou que, apesar de tudo, tinha sido bem divertido o tempo que haviam passado juntos. Então, aproximando-se dela, pediu-lhe desculpas por talvez tê-la feito sofrer algum dia. Depois, deu-lhe um carinhoso beijo no rosto, fazendo com que Jessica imediatamente sorrisse, para em seguida partir.

29

Após o encontro com Amanda no Vale dos Sonhos não ter saído exatamente como esperava, Tamara, mesmo confusa com tudo aquilo, agradecia aos céus por a amiga ter conseguido ouvir sua voz e compreendido que os Sérferus nada mais eram que apenas pessoas que necessitavam de ajuda. Ter descoberto aquilo a fizera vê-los de uma forma completamente diferente; dizia para si mesma que, dali em diante, sempre que visse alguém sofrendo ou naquelas condições, procuraria orar por ele.

— Puxa, amiga, você não imagina o quanto fiquei feliz por sentir que fomos capazes de ajudar aquelas pessoas que faleceram a encontrarem um pouco de paz. Sei que, agora que você também sabe, Amanda, como sempre foi uma pessoa solidária, vai fazer tudo o que estiver ao seu alcance para levar isso adiante — comentou Tamara, feliz.

Porém, seu desejo de tentar descobrir junto à amiga o que havia acontecido com ela infelizmente não obteve êxito. Logo decidiu seguir até sua casa.

Algum tempo depois, ao chegar, Tamara teve a mesma sensação que Felipe havia tido. O ambiente, sempre tão alegre, parecia estar repleto de angústia. Tentando descobrir o que estava acontecendo, enquanto a pequena amiga de pés descalços esperava sentada do lado de fora, assim que viu sua mãe sentada no sofá e agarrada a uma almofada, quis imediatamente correr para abraçá-la. Mas, como lembrou que não poderia, pois acreditava que estivesse apenas em desdobramento, ou seja, fora do corpo, limitou-se a se aproximar, sentando-se ao seu lado.

Sua mãe, a senhora Cecília, parecia bastante triste e abatida. Parecendo olhar para o vazio, tinha os olhos vermelhos, como se houvesse chorado. Sensibilizada por encontrar a mãe daquele jeito, Tamara ficou com os olhos cheios de lágrimas e repousou a cabeça em seu ombro.

— Mãe... sou eu, a Tamara — disse carinhosamente.

Confusa, tudo o que a garota queria era descobrir o que estava acontecendo. Então, ao constatar que a mãe não olhava para o vazio, mas sim para um porta-retratos com uma foto sua, sentiu como se tivesse levado um grande baque.

— Eu não compreendo — questionava-se ela, tentando entender o que aquilo significava. Tentando segurar firmemente as mãos de sua mãe enquanto enxugava as lágrimas, ela persistiu: — Mãe, eu sei que não pode me ouvir... mas saiba que estou aqui.

A garota permaneceu por longo tempo junto de sua mãe, tentando consolá-la e transmitindo-lhe seu carinho. Tamara simplesmente não conseguia entender o que estava ocorrendo. E, sentindo algo estranho em seu coração, como se fosse uma sensação de revolta, rapidamente se levantou e correu até o quarto do irmão Fabrício.

Assim que entrou, ela o encontrou sentado na cama e de olhos fechados. Ele estava com o cabelo desgrenhado e a barba já bastante comprida, e ela percebeu que bem ao lado dele estava o que parecia ser uma carta, e na mão ele segurava uma grande porção de comprimidos. Seu irmão pensava em se suicidar. O rapaz trazia em si o peso da culpa pelo que havia acontecido e sentia-se responsável pelo infeliz acidente.

Assustada com aquela imagem, a garota, sem perda de tempo, seguiu em sua direção. E, ao bater os olhos na mensagem de seu irmão na carta, enfim compreendeu o que estava acontecendo. Ele pedia perdão e considerava-se responsável por ela ter ficado em coma.

Tamara sentiu as pernas bambearem e, levando as mãos à boca, deu um passo para trás, assustada. Não conseguia se lembrar nem do acidente, tampouco dos acontecimentos que o haviam antecedido, como sua própria festa de aniversário. Sem palavras, ela só pensava em chorar.

Porém, buscando forças e deixando de lado a si mesma, sentia no coração que deveria ser forte naquele momento, pois somente assim seria capaz de tentar salvar a vida de seu amado irmão. Respirando fundo, colocou sua mão sobre a dele, suplicando-lhe para que a ouvisse.

— Fabrício, me escute. Por favor, não faça isso — iniciou ela. — Sei que não deve estar sendo fácil, mas não se culpe pelo que aconteceu. Eu estou bem. Largue isto, por mim. Lembra quando nos abraçávamos e brincávamos, dizendo que conseguíamos sentir o coração um do outro? Então... Eu sei que pode me sentir, meu irmão. Estou com você, junto de seu coração. E é exatamente aí que sempre estarei; acredite em mim, por favor — implorou ela, ajoelhada diante dele, enquanto suas lágrimas caíam sobre a mão.

Parecendo que as palavras da irmã tinham conseguido chegar até seu coração, Fabrício imediatamente começou a chorar e em seguida soltou os comprimidos, deixando-os caírem no chão.

— Minha irmã, minha irmãzinha, me desculpe. — Ele abaixoua cabeça, sentindo-se arrependido pelo que estava prestes a fazer, enquanto era carinhosamente abraçado pela irmã.

Muito feliz e agradecida, ao lado do irmão, Tamara nem imaginava que havia alguém não muito feliz por a garota ainda estar viva.

Enquanto seguia velando pela amiga, que permanecia deitada e em coma no hospital, Felipe surpreendeu-se ao ver Bianca entrar no quarto. Como seu pai, o senhor Laerte, era o diretor do hospital em que Tamara estava internada, a garota tinha praticamente acesso livre às dependências.

Assim que entrou, ela logo fechou a porta, parecendo não querer ser vista ali dentro. Porém, nem imaginava que, acompanhando-a, curioso em saber o que ela pretendia, estava Felipe, observando tudo a um canto.

— Mas o que esta garota está fazendo aqui?

Como já fazia muito tempo que ele a conhecia da escola, Felipe sabia muito bem que ela nunca fora um exemplo de bom caráter. Costumava sempre implicar com aqueles que não eram de seu seleto grupo de amizades, e por várias vezes já havia demonstrado isso em relação a Tamara. Geralmente os motivos pareciam ser inveja e orgulho.

Outro fator que preocupava Felipe era que ele conhecia o enorme ciúme que a garota tinha em relação a Nícolas. Quando eles eram namorados, ela praticamente não deixava que nenhuma outra garota conversasse com ele. E, quando soubera da aproximação de Nícolas e Tamara, e do interesse que ele havia demonstrado por ela, Bianca só faltava explodir de raiva. Não se conformava por eles dois não estarem mais juntos e não suportava vê-lo com outra pessoa, pois, para ela, Tamara era uma garota "lesada", infantil e infinitamente inferior a ela.

Felipe imaginava que o fato de ela ter descoberto que, mesmo com a garota naquele estado de coma, o "seu" Nícolas não parava de ir visitá-la devia tê-la tirado do sério. Mesmo tanto tempo após o acidente, o rapaz sempre procurava ir pelo menos uma vez na semana ao hospital para ficar algum tempo ao seu lado, a fim de levar seu carinho e dizer-lhe que continuaria ali até que ela abrisse os olhos.

Bianca aproximou-se sorrateiramente de Tamara e, de pé ao seu lado, ficou encarando-a.

— Seria tudo tão mais fácil se você nunca mais acordasse! Não, melhor, se você enfim morresse de vez. Ah, como seria bom... E pensar que bastaria apenas desligar este aparelho e tudo estaria terminado. O meu Nícolas iria te esquecer e então voltaria correndo para mim — sussurrou Bianca, deixando Felipe perplexo com a declaração.

— O quê? Esta maluca está pretendendo matar a Tamara? — espantou-se ele, apavorado. — Preciso avisar alguém com urgência para impedir isso.

Contudo, antes que ele pudesse organizar seus pensamentos, viu a garota manifestar um preocupante sorriso para, em seguida, virar as costas e sair.

— Meu Deus, o que foi isto? — surpreendeu-se ele.

Levando as mãos à cabeça, Felipe ficou completamente confuso e assustado com o que tinha presenciado. Era certo que Bianca nunca gostara de Tamara, mas ele jamais havia imaginado que ela seria capaz de chegar àquele ponto.

— E agora, o que eu faço? E se ela voltar? E se ninguém descobrir o que ela planeja? — questionou-se ele, andando de um lado para o outro, preocupado.

Assustado, pensando que ela realmente poderia fazer algo de ruim contra a amiga, logo começou a pensar que precisava encontrar uma forma de avisar alguém. Ele sabia que em seu estado ninguém poderia vê-lo ou ouvi-lo, mas então lembrou-se de que havia uma forma. Recordou-se de algo que tinha escutado enquanto estudava para seu trabalho da escola, quando fora à casa do amigo Luciano e sua mãe lhe contara a respeito das cartas que tinham recebido de seu pai já falecido.

— Mas espere aí, eu não morri... pelo menos, acho que não. Ainda sinto como se estivesse vivo — disse, confuso, e indagou-se: — Mas se quem escreve estas cartas são aqueles que já morreram, será que eu também consigo? Para quem vou entregar?

Como não tinha tempo de descobrir se daria certo e até então era a única forma de comunicação em que havia pensado, sem demora decidiu se arriscar. Tentaria escrever uma carta endereçada a sua amiga Amanda, pois tinha certeza de que ela conseguiria ajudar Tamara.

Ele se recordava de que o amigo Luciano também chegara a lhe dizer onde era o lugar que fazia esse tipo de trabalho, pois costumava frequentá-lo com sua mãe.

Apressadamente, Felipe saiu do hospital, tentando encontrar onde era o tal lugar sobre o qual o amigo havia comentado. E, com aquele pensamento fixo em escrever uma carta para a amiga, percorreu várias ruas, principalmente próximo de onde o amigo morava.

À medida que ia procurando, estranhamente teve a impressão de que algo parecia atraí-lo. Era como se houvesse uma estranha força indicando-lhe aonde deveria ir. Então, para sua surpresa, não muito distante dali, viu um local de aspecto bastante distinto das construções ao redor, pois parecia emanar algo que Felipe não podia descrever.

Ao se aproximar e sentir que estava no lugar certo, entrou e levou um grande susto: o local estava completamente cheio. Sem demora, pôs-se a procurar o amigo Luciano. Esperava que, para agilizar o processo, ele pudesse entregar a carta diretamente para Amanda, já que ambos se conheciam. E, passando pelos corredores e em seguida por algumas fileiras de cadeiras, sem que as pessoas se dessem conta de sua presença enquanto tentava encontrá-lo, Felipe logo abriu um grande sorriso quando o viu sentado com a mãe quase ao centro do salão.

Ao se aproximar do amigo, que seguia atento ao que uma pessoa no palco falava, Felipe postou-se diante dele e, falando baixo em seu ouvido, tentou avisá-lo de seu plano em escrever uma carta para que ele a entregasse a Amanda. Como Luciano nem dava sinais de que o via, mas querendo ter certeza de que o amigo o entenderia, logo começou a gritar e gesticular, fazendo praticamente o maior escândalo para tentar ser compreendido. O garoto, então, acabou tendo a atenção chamada por uma pessoa que estava presente.

— Será que você poderia berrar um pouquinho mais baixo? Estou tentando ouvir — disse o senhor, colocando o dedo na boca, em gesto de quem pede silêncio.

— Ah, me desculpe — pediu Felipe, sem graça, voltando a atenção ao amigo.

No início, nem percebeu que alguém enfim o havia visto e falado com ele. Porém, assim que caiu em si, virou-se para o senhor e, todo estabanado, correu em sua direção.

— Oi, oi... você pode me ver? Consegue me ouvir? — questionou, sorridente.

— Sim... e, para lhe ser sincero, neste momento gostaria de não poder — respondeu-lhe o senhor, sendo sarcástico.

Felipe já havia perdido a noção de quanto tempo tinha se passado desde que falara com alguém pela última vez e foi logo enchendo o senhor de perguntas:

— Puxa, eu tenho tantas perguntas. Por onde começo...? Por que as pessoas não conseguem me ver? Tem algo de errado comigo? Será que eu morri? — perguntava-lhe Felipe, todo afoito.

Porém, não muito solícito e sem paciência para conversar, o senhor apenas lhe disse que estava ali para assistir à palestra.

— Olha, fala com ele ali — apontou na direção de um rapaz que estava próximo a uma das portas que dava acesso a outra sala.

Meio sem graça por perceber que o senhor não queria papo, pediu desculpas e seguiu na direção do rapaz, enquanto resmungava baixinho pela falta de compressão.

Ao se aproximar do rapaz, Felipe foi logo indagando se ele podia vê-lo.

— Oi, tudo bem? Você consegue me ver e ouvir?

— Sim, perfeitamente, meu irmão! — respondeu-lhe o rapaz, sorrindo.

— Ai, graças a Deus! — disse, aliviado.

— Eu me chamo Amarildo e sou apenas um simples estagiário nos trabalhos desta casa. É um grande prazer conhecê-lo. Em que posso ajudá-lo? — cumprimentou-o, sorrindo.

— Eu me chamo Felipe. Puxa, eu tenho tantas perguntas... porém, o mais importante agora é que preciso enviar uma carta urgente para uma pessoa. E um amigo havia me dito que aqui era possível — comentou ele.

— Em relação a todas as suas perguntas, devo pedir que tenha paciência, pois aos poucos você vai encontrar todas as respostas que procura.

Carinhosamente, Amarildo explicou-lhe um pouco como funcionavam os trabalhos ali e lhe disse que o intuito daquele trabalho, o de envio das mensagens, era somente para confortar e consolar aqueles que as recebem; que jamais devemos levar quaisquer tipos de preocupação para os que amamos e tanto anseiam por algo que lhes alivie o coração. Explicou que enviar mensagens, mesmo que fosse para alertar sobre determinado assunto que em nossa mente consideremos urgente, é algo que deve sempre ser feito com muita responsabilidade.

— Mas é questão de vida ou morte — disse Felipe, tentando justificar.

— Bem, você pode até tentar transmitir sua mensagem, mas não sei se você já percebeu que aqui as nossas emoções refletem e interferem diretamente no que está a nossa volta. De qualquer forma, para que se possa entrar em sintonia com o instrumento mediúnico, antes se faz necessária uma harmonização de nossas íntimas energias — explicou o simpático rapaz.

— Diga-me uma coisa: todos os lugares são assim? Eu pensava que era só chegar e escrever.

— Dentro dos meus limitados conhecimentos, o que posso lhe dizer é que boa parte dos que já pude conhecer são assim. No entanto, cada um possui sua própria estrutura e organização. Depende muito do intuito dos próprios trabalhadores da casa.

— É bastante urgente o que eu tenho para escrever na carta, sabe? Estou muito preocupado com uma pessoa — insistiu Felipe.

— Compreendo. E por acaso você já chegou a orar, Felipe? — quis saber Amarildo.

— Orar? — perguntou ele, surpreso.

— Sim, orar. Não sei se você sabe, mas a oração ajuda as pessoas tanto quanto o que quer que desejemos falar a elas. Experimente. Tenho certeza de que vai ajudar, e muito.

— É que... sabe o que é, moço? Eu estou precisando de algo um pouco mais direto. Algo mais palpável, se é que me entende — comentou ele, fazendo um gesto com os dedos.

— Sim, perfeitamente. Vamos ver então o que é possível fazer. Neste caso, eu o aconselho a se dirigir logo ali àquela sala. Lá há companheiros que vão lhe explicar exatamente como deve proceder — explicou-lhe, apontando na direção de uma porta que estava bem próxima a eles.

Balançando a cabeça em gesto de agradecimento, sem demora, Felipe seguiu até a porta indicada e, ao abri-la, teve uma grande surpresa.

30

Assim que entrou na sala, Felipe ficou completamente assustado com o que viu. Havia uma enorme fila diante de uma mesa, à qual algumas pessoas pareciam tomar nota.

— Isso aí é tudo para escrever uma carta, é? — perguntou, espantado, ao último da fila.

Ao vê-lo acenar-lhe com a cabeça em afirmativo, Felipe decidiu falar diretamente com um senhor que parecia ajudar na organização da extensa fila.

— Ei, com licença... me diga uma coisa: por acaso não tem um jeito de não precisar ficar nesta fila? Sabe o que é? O que eu tenho para dizer na carta é extremamente importante.

O colaborador sorriu e gentilmente explicou que todos ali possuíam o mesmo objetivo:

— Meu filho, olhe para eles — disse, apontando o grande número que estava a sua frente, e completou: — O assunto de cada um também é importante para eles.

— O quê? Vou ter de ficar nesta fila? — questionou, inconformado.

Preocupado por não saber se teria tempo de ficar ali esperando, e com receio de que talvez acabasse sendo tarde demais, Felipe decidiu dar meia-volta e ir embora.

— Caramba, e agora? O que será que eu faço para avisar Amanda de que a Tamara está correndo perigo? — preocupou-se ele, tentando decidir o que faria.

No dia seguinte, já no hospital, Felipe fez plantão à porta do quarto de Tamara, vigiando para ver se Bianca apareceria, enquanto torcia para que o que tinha feito desse certo.

Após passar longo tempo observando atentamente o quarto da amiga, acabou tendo uma grande surpresa: viu Bianca surgir no corredor. Ela saiu do elevador e seguiu como se estivesse indo ao quarto de Tamara. Desesperado e com medo de que a garota pudesse tentar fazer algo contra a amiga, rapidamente correu em sua direção, tentando impedi-la.

— Saia daqui. Não vou deixar que você faça nada com a Tamara — gritou ele, gesticulando e tentando agarrá-la enquanto ela caminhava.

À medida que Bianca prosseguia e se aproximava cada vez mais do quarto, porém, ele passou a se desesperar por não conseguir fazer nada.

— Já disse para sair daqui. Não vou deixar que você a machuque, ouviu? — ordenou ele, sem sucesso.

Mas, quando a garota enfim chegou em frente à porta do quarto, para espanto de Felipe, ela apenas deu uma leve olhadela no local e passou direto.

— Ué... o que foi isso? — questionou ele, confuso, tentando entender. — Ela não pretendia desligar os aparelhos da Tamara?

Sentando-se em uma das cadeiras do corredor, começou a se questionar, procurando descobrir o que tinha sido aquilo. "Se ela não pretendia fazer nada contra a Tamara, então por que passou por aqui? Não sei, não estou gostando disso. Mas e agora? E se ela passou apenas para ver se tinha alguém com ela e pretende voltar?", preocupou-se.

O tempo foi passando e Felipe prosseguiu vigiando o quarto da amiga, enquanto orava para que o que ele havia feito na noite anterior desse certo e, assim, conseguisse evitar que Bianca tentasse desligar os aparelhos que mantinham a amiga viva. E, enquanto prosseguia preocupado, andando de um lado para o outro e sem tirar os olhos do quarto, para sua surpresa, eis que surgiu Amanda no corredor do hospital.

— Ainda não faço ideia do que estou fazendo aqui — indagou-se, confusa.

Passou em frente ao quarto de Tamara para ter certeza de que estava tudo bem e, em seguida, ficou de longe, esperando para ver se de fato não havia sinal de ninguém que quisesse lhe fazer mal.

Ocorria que, durante a noite anterior, assim que desistira de tentar enviar uma carta para Amanda, Felipe decidira ir diretamente até a casa dela. Após algumas tentativas para que ela o visse ou compreendesse, e com a amiga já indo se deitar, ele se lembrou de que ela e Tamara tinham o hábito de se encontrarem durante os sonhos, e imediatamente pensou em arriscar. Tentaria avisá-la durante o sonho de que Tamara corria perigo e que precisava ir com urgência até ela.

— Meu Deus, não acredito que deu certo — espantou-se ele, abrindo um sorriso.

— Devo estar ficando maluca por achar que realmente haveria aqui no hospital alguém querendo fazer mal a Tamara — comentou ela, achando graça.

Amanda permaneceu um bom tempo vigiando o quarto da amiga, mas, como já imaginava, ninguém apareceu.

— É, acho que foi só coisa da minha cabeça mesmo — disse ela, decidindo ir embora.

— Não, não, espere. Tenho certeza de que Tamara ainda corre perigo — implorou Felipe.

Quando estava decidida a dar meia-volta para ir embora, para sua surpresa, Amanda viu alguém muito suspeito surgir no corredor. Era Bianca, que mais uma vez parecia se dirigir ao quarto da garota. Como Amanda já sabia, havia tempos, que a garota nunca se dera bem com Tamara, e também que o fato de ela e Nícolas terem se aproximado a incomodava profundamente, vê-la ali, ainda mais naquele horário em que o local seguia quase vazio, era no mínimo algo suspeito.

Acompanhando-a sem que Bianca a visse, Amanda não estava gostando nem um pouco daquilo. Após caminhar sorrateiramente pelo corredor, Bianca logo se dirigiu ao quarto de

Tamara. E, após olhar para os lados, parecendo verificar se ninguém a via, abriu a porta e entrou com rapidez.

Assustada, Amanda não perdeu tempo e, às pressas, foi até o local. Então viu Bia inclinada sobre Tamara. Preocupada com que a garota tentasse fazer algo contra a amiga, sem pensar duas vezes, Amanda saiu em sua defesa.

— Não vou permitir que você faça nada — falou, avançando sobre ela.

Logo as duas começam a se agarrar, enquanto uma segurava o cabelo da outra. As garotas digladiavam, indo de um lado para o outro do quarto de maneira estabanada, sob o olhar preocupado de Felipe. Prosseguiam se contorcendo e se esbofeteando próximo à cama de Tamara, até que, sem perceber, acabaram esbarrando em um fio e, com isso, desligando um equipamento. Era justamente o da máquina que mantinha Tamara viva.

Sem perceber o que haviam feito, continuam a se empurrar, até que Amanda acabou escorregando e batendo a cabeça na quina da cama, para em seguida cair, atordoada.

Parecendo confusa com tudo aquilo, Bianca se afastou de Amanda e em seguida percebeu que o sinal da máquina que mantinha Tamara viva avisava que fora desligado.

Felipe ficou desesperado ao ouvir o som do equipamento e ver que a amiga morria, enquanto Bianca, por sua vez, permanecia apenas olhando para Tamara. A garota parecia considerar que, se ela enfim morresse, seu amado Nícolas voltaria para ela.

Então, naqueles instantes cruciais, de repente entrou alguém no quarto e se surpreendeu com o que via. Nícolas chegou a tempo de ver Bianca salvando a vida de Tamara, parecendo disposta a não deixá-la morrer. Ela rapidamente pegou o fio que havia sido desligado e em seguida religou os aparelhos.

Bianca nem percebera a chegada de Nícolas. O garoto tinha ido lá porque Felipe também tentara avisá-lo em sonho durante a noite anterior, com receio de que Amanda não entendesse seu pedido de ajuda. Ele deixara o ciúme de lado e decidira também procurar Nícolas, pois para Felipe o mais importante era conseguir salvar a amiga. Então, aparecendo-lhe em sonho, tratou logo de lhe pedir ajuda.

Ao ver Nícolas à porta, Bianca teve uma crise de choro. O rapaz correra até o hospital porque havia sonhado que alguém lhe dizia que Tamara corria perigo.

— Nunca quis que ela morresse de verdade. Só queria ter você de volta. Sei que não sou aquilo que você esperava ou a melhor pessoa do mundo, mas os meus sentimentos por você são verdadeiros. Perdoe-me; é que não aguento mais ficar longe de você — disse ela, enxugando as lágrimas, enquanto Amanda se levantava, tentando entender o que tinha acontecido, e ficava aliviada ao perceber que a amiga estava bem.

Emocionado com as palavras de Bianca, Nícolas disse-lhe que infelizmente não poderiam ficar juntos como ela esperava.

— Desculpe, mas eu estou apaixonado pela Tamara. Sinto que a amo desde que começamos a nos relacionar. Seu jeito simples e seu sorriso conquistaram meu coração. Não sei por quanto tempo ela vai ficar assim ou se um dia enfim abrirá os olhos, mas o que sei é que quero prosseguir ao seu lado enquanto Deus permitir.

Felipe, que acompanhava tudo o que acontecia, assim que ouviu a declaração dele em relação a Tamara, sentiu um profundo pesar no coração. Era como se no fundo a amiga devesse ter ao seu lado alguém como Nícolas. Afinal, ele ainda nem sabia o que de fato havia acontecido com ele e se um dia ainda seriam capazes de ficar juntos. Desconsolado, decidiu sair dali.

Após passar algum tempo no terraço do hospital, entregue aos seus pensamentos, Felipe acabou tomando uma difícil decisão: esqueceria de vez Tamara e iria embora para sempre. Sentia que ali já não era mais o lugar dele, e que ele e a amiga possivelmente não poderiam ficar juntos, pois ela merecia alguém como Nícolas ao seu lado.

Quando foi ao quarto se despedir dela, encontrou Nícolas, que permanecia ali dando-lhe carinho enquanto dizia que não queria mais sair do seu lado. Ao presenciar aquela cena, Felipe percebeu que iria embora feliz, pois, mesmo não estando ao lado de seu grande amor, no fundo do coração sentia que a amiga ficaria bem cuidada.

Enxugando uma pequena lágrima, ele então se aproximou dela para lhe dar um carinhoso e delicado beijo de despedida. Aquele seria o seu primeiro beijo — o beijo que ele havia guardado para seu grande e verdadeiro amor.

Contudo, aquele não seria o único beijo que Tamara ganharia naquele dia. Muito feliz por estar ao lado da garota, Nícolas, que já pretendia ir embora para sua casa, também pretendia beijá-la como prova de seu amor.

Então, com Tamara deitada em seu leito, de olhos fechados e tendo ambos ao seu lado, estes delicadamente se curvaram sobre ela e a beijaram com carinho. Aquele também era seu primeiro e sonhado beijo.

A vida nem sempre segue aquilo que sonhamos, mas sim aquilo de que necessitamos. Nossos caminhos são trilhados gradativamente, à medida que progredimos. E tudo é apenas resultado daquilo que somos e trazemos em nossos corações.

Assim que Tamara foi beijada, como um *flash*, tudo aquilo que havia parecido sumir de sua memória simplesmente retornou. Ela se lembrava com clareza de tudo o que havia acontecido, sobretudo durante a sua festa de aniversário.

Após ter dançado com seu pai, surpresa, sorriu timidamente quando alguém surgiu, convidando-a para dançar. Era seu príncipe, que carinhosamente lhe estendia a mão. Este estava com o coração repleto de alegria enquanto o dela batia emocionado. Segurando-a com delicadeza pela cintura enquanto dançavam, seu príncipe sentiu o rosto dela corar quando a olhou ternamente, e ela sorriu. Tamara sentia como se estivesse vivendo um grande conto de fadas. Tudo estava lindo: ela vestida como uma princesa, e ele, como um príncipe. Sentia como se aquele fosse o melhor dia de sua vida.

Sentindo um forte desejo de enfim beijá-la, seu príncipe se aproximou e sussurrou confidências em seu ouvido.

— Eu preciso lhe contar uma coisa. Desde aquele dia em que nos encontramos, quando ainda éramos crianças, eu já sentia que meu coração batia diferente toda vez que estava ao seu lado. Sentia que você me completava e tornava a minha vida muito mais feliz. O tempo passou, nós crescemos e, mesmo após todo esse tempo, sinto meu coração acelerar quando estou ao seu lado. Tamara, sou completamente apaixonado por você — sussurrou-lhe Felipe, o príncipe que em seu coração ela tanto desejava encontrar.

Então, deitada naquele leito com o coração repleto de emoção por sentir que havia encontrado seu grande amor, e feliz por descobrir que os sonhos podem se tornar realidade, Tamara enfim abriu os olhos para a vida.

Sua verdadeira vida.

EPÍLOGO

Algum tempo depois...

No centro espírita que Amanda, após muito esforço e dedicação, ajudou a fundar com o auxílio de valorosos amigos, à porta, ela alegremente cumprimentava os que chegavam àquele abençoado encontro. E, dentre os muitos que compareciam, estavam aqueles por quem ela nutria um imenso carinho: os pais de sua querida amiga Tamara, o senhor Maurício e a senhora Cecília. Estes compareciam ao encontro após um carinhoso convite feito por Amanda. Ambos tentavam prosseguir com sua vida e, graças àquele singelo local, acabaram encontrando ali, junto aos inúmeros irmãos menos favorecidos que eram assistidos pela casa, uma maneira de se sentirem úteis ao próximo.

Muito disso ocorria graças a outro colaborador daquela casa, que logo surgiu para recepcioná-los: seu filho Fabrício. Este, após um sonho que jurava ter tido com a irmã, decidira procurar por Amanda, querendo explicações, uma vez que sabia das inúmeras vezes em que ambas sonhavam juntas.

Após a garota lhe contar em detalhes sobre o Vale dos Sonhos e o que havia lido sobre espiritualidade, ela também falou-lhe, emocionada, do encontro que havia tido com Tamara no auxílio aos Sérferus, que na realidade eram espíritos sofredores. A partir de então, Fabrício, convicto de que havia sido a irmã quem o auxiliara a não tirar a própria vida em um momento de fraqueza em seu quarto, e reconhecendo a importância do auxílio a todos os que sofriam, decidiu juntar-se a Amanda naquele valioso projeto — algo que o fez sentir a presença da irmã cada vez mais forte em sua vida.

Além da família de Tamara, outra pessoa bastante conhecida de Amanda que também compareceu naquele dia foi a mãe de Felipe, a senhora Joana Almeida. Mesmo seguindo outra crença, ela acabou indo ao encontro depois que foi procurada por Amanda, que havia ficado bastante preocupada com ela após tudo o que tinha acontecido. No início, a mãe do rapaz se fechou e nem quis ouvi-la, mas ter sonhado com o filho a fez ficar com o coração apertado, como se houvesse algo que ela não conseguisse entender, mas que a impulsionava até ali.

Outra pessoa que também estava presente era Nícolas. Mas este não havia ido sozinho; estava acompanhado de Bianca. Após aquele encontro que haviam tido no hospital, quando ela se declarara para ele, inicialmente o rapaz tinha certeza de que os sentimentos que trazia eram apenas em relação a Tamara. Contudo, com o passar do tempo e a notável mudança da personalidade de Bianca, que parecia ter deixado para trás aquela pessoa orgulhosa, além de um lindo sonho que havia tido com Tamara, no qual esta lhe pedia que voltasse os olhos e o coração para a garota, cujo sentimento em relação a ele era verdadeiro, Nícolas acabou se permitindo dar outra chance àquele relacionamento. E, desde então, ambos iam se redescobrindo, como se tivessem se conhecido novamente.

Apenas uma das pessoas por quem Tamara e Felipe nutriam carinho não compareceu ao encontro: Jéssica. A garota que tanto fizera para ter Felipe ao seu lado havia decidido seguir em frente com sua vida. Em uma de suas viagens ao litoral, acabou conhecendo um rapaz por quem se apaixonou perdidamente. Adepto de esportes radicais, sobretudo o surfe, desde então ambos viajavam para as mais diversas praias, vivendo praticamente em uma linda lua de mel.

Todos ali pareciam envoltos por uma confortante emanação de paz, tamanha era a sensação de amor e carinho que pairava no ambiente. O local onde havia sido fundado o centro espírita era modesto e com capacidade para cerca de cem pessoas devidamente sentadas. Porém, mesmo com seu pouco tempo de funcionamento, este já havia auxiliado muitas famílias por meio das inúmeras doações de mantimentos que semanalmente eram feitas, principalmente em dias como aquele, em que as famílias vinham em busca de um pouco de conforto e talvez para receber notícias daqueles que tanto amavam.

Chegado o horário do início das tarefas e após uma pequena oração inicial, um dos palestrantes da casa deu início a uma bela explanação cujo tema era: "Vinde a mim todos os que estais cansados e oprimidos, e eu vos aliviarei" (Mateus, 11:28).

À medida que o simpático palestrante comentava sobre o assunto, um dos médiuns sentados à mesa atrás dele começou a se concentrar para, alguns instantes depois, colocar no papel palavras que acalentariam os inúmeros corações que lá se encontravam — mensagens de paz, amor, fé e esperança.

O sentimento que parecia pairar no ar era de gratidão. Gratidão a Deus, nosso grandioso Pai da vida, por aquela valiosa oportunidade de aprendizado.

Cerca de algum tempo depois de terminada a palestra, iniciava-se então o momento que muitos ali aguardavam: a leitura das cartas. Cartas de coração para coração. Um pequeno alento de intercâmbio entre aqueles que estão separados pelas chamadas "vidas física e espiritual". Um bálsamo de conforto, com o amparo da espiritualidade maior, envolvendo todos em um único pensamento: que a vida sempre continua.

Logo em uma das cartas surgiu uma linda mensagem de luz para brindar a todos os presentes:

Meus queridos pais, Maurício e Cecília Vieira, meu amado irmão Fabrício e aos valiosos amigos, Nícolas, Bianca, Jéssica e minha eterna irmã de alma Amanda, que seus corações sejam envolvidos com os mais ternos sentimentos de amor, bondade e gratidão.

A filha, irmã e amiga vem até vocês para agradecer-lhes por tudo o que pude vivenciar ao lado de cada um — momentos valiosos que me auxiliaram a ser uma pessoa muito feliz e que ficarão guardados para sempre em meu coração. O carinho que nos une em espírito é o elo que deve reinar entre todos os filhos de Deus. Cada um, mesmo com seus pequenos defeitos, é perfeito à sua maneira. Cada um é uma pequena, porém importante, peça do grandioso tabuleiro da vida. A vida com Deus.

Jamais deixem de acreditar que a vida é valiosa oportunidade de evolução. Os momentos são únicos e as oportunidades que surgem em nossos caminhos são os degraus que vamos, pouco a pouco, conquistando à medida que avançamos. Façam cada instante realmente valer a pena. Não se atenham ao passado, imaginando como este teria sido se tivéssemos tido outras escolhas, tampouco permitam se questionar se realizamos tudo o que nos era possível. Fizemos o que naquele momento nos foi possível, cada um realizando o seu melhor naquele instante, e é isto o mais importante. Devemos ter o passado como lição de vida e o futuro como um objetivo a ser alcançado: o de nos tornarmos pessoas cada vez melhores. Esse é o caminho que nos conduz a Deus.

Amada família e amigos, eu aqui não estou só. Os queridos avós Giuliano e Margarete me envolvem com seu carinho e sempre me ensinam a olhar para frente. Quem também preenche o meu coração e sempre me faz rir com seu jeito engraçado é Felipe, que envia seu carinhoso abraço a todos, inclusive a sua mãe, a senhora Joana Almeida, e a suas irmãs. Ele diz que ficou muito feliz com a presença de sua mãe aqui hoje e sentiu-se realizado por ela ter se permitido acreditar que ele permanece ao seu lado. Diz que os encontros que tiveram durante seu sono o auxiliaram muito nesta nossa etapa. Juntos, nós continuamos os mesmos. Rimos, brincamos, aprendemos, enfim, não imaginam a minha imensa alegria por tê-lo aqui comigo, divertindo os meus dias e preenchendo o meu coração com o maior sentimento de todos: o amor.

Muito obrigada a todos os que sempre pensam em nós com carinho. Minha irmã Amanda, eu peço a Deus que a abençoe neste importante trabalho de auxílio ao próximo, tanto os que estão aí quanto os que estão aqui. Sinto muito orgulho de você e tenho certeza de que este trabalho irá evoluir cada vez mais. Você sabe que, independentemente de onde estivermos, se Deus permitir, sempre estaremos juntas, como fazíamos em nosso Vale dos Sonhos.

Esquecemos o quanto a vida se assemelha a uma folha em branco, na qual somos nós mesmos que decidimos as curvas e os tons de cores que a cada dia traçamos. Que a vida de cada um seja um lindo caderno colorido. E que jamais deixem de acreditar em seus sonhos. Os nossos sonhos são as alavancas que nos impulsionam adiante. São eles que nos fazem acreditar e ter esperanças de que o impossível pode um dia se tornar realidade.

Um carinhoso beijo em cada um, nos corações de todos.

Tamara Vieira

NOTA DE ESCLARECIMENTO DA AUTORA ESPIRITUAL

As chamadas vidas física e espiritual nada mais são que apenas etapas que percorremos durante o nosso íntimo processo de amadurecimento, pois ambas possuem grandiosa importância. E estar vivo ou estar morto, no final, se demonstrará irrelevante, pois a verdadeira relevância reside no quanto nos empenhamos durante cada um desses períodos de nossa existência. A vida é um grandioso ciclo em que momentaneamente nos encontramos vivos ou mortos. Porém, digo aqui "morto" somente em relação ao corpo, porque o nosso ser consciente, chamado de espírito, é imortal.

Contudo, há de se destacar que estas etapas pelas quais passamos, material e espiritual, não são distintas nem ficam restritas uma à outra, ou seja, na realidade, podem ocorrer ao mesmo tempo, pois, justamente durante o sono, no momento em que repousa o corpo, veículo que estamos temporariamente utilizando, é permitido ao espírito libertar-se momentaneamente, para que o processo de evolução não fique estagnado enquanto dormimos, permitindo assim que continuemos sempre progredindo, mesmo durante o sonho.

O mais importante é, e sempre será, aquilo que realmente podemos fazer como criaturas conscientes de nossas reais necessidades. Logo, estar acordado ou estar sonhando são apenas oportunidades distintas de progresso, e cada qual traz em si seus reais valores, seja em relação ao nosso próprio amadurecimento, seja em relação à oportunidade de nos doarmos em benefício de alguém.

Devemos lembrar e compreender que tudo é uma grande oportunidade, uma dádiva que Deus nos concedeu, única e exclusivamente, para que possamos simplesmente evoluir.

Espírito Ana Lúcia
28 de abril de 2018